CLASSIQUES & CIE
LYCÉE

CW01664238

RONSARD

Mignonne, allons voir si la rose... et autres poèmes

(1552-1578)

suivi d'une anthologie sur la poésie amoureuse

Texte intégral suivi d'un dossier critique pour la préparation du bac français

Collection dirigée par **Johan Faerber**

Édition annotée et commentée par **Nancy Oddo**
Maître de conférences en littérature française
à l'université Paris III-Sorbonne nouvelle

Hatier

Mignonne, allons voir si la rose… et autres poème

Les repères clés

Les poèmes

Odes

Les Amours

QUESTIONS

pour vous GUIDER

Une rubrique, au fil du texte, pour vous aider à interpréter les poèmes clés et acquérir des outils d'analyse.

 - ISBN 978-2-401-04580-4

L'anthologie sur
La poésie amoureuse

Le dossier

FICHES DE LECTURE

POUR APPROFONDIR SA LECTURE

THÈME ET DOCUMENTS

POUR COMPARER

Thème > La femme, entre muse et objet poétique

OBJECTIF BAC

POUR S'ENTRAÎNER

HISTOIRE DES ARTS

Muses et femmes fatales

---

* Les images se trouvent en 2e et 3e de couverture, et dans l'encart en couleurs au centre du livre.

Qui est l'auteur ?

Pierre de Ronsard (1524-1585)

Une carrière au service du roi

- Originaire de Vendôme, dans le centre ouest de la France, Ronsard, atteint de surdité, renonce à la diplomatie pour embrasser la carrière littéraire grâce à Jean Dorat, son professeur au collège de Coqueret, autour duquel gravitent les futurs poètes de la Pléiade, Du Bellay, Baïf, Jodelle et La Péruse.
- Devenu homme d'Église, il vit des bénéfices ecclésiastiques et du mécénat. Henri II le protège et il devient en 1560 poète officiel de Charles IX. **Poète de cour**, noble et humaniste, il invente une nouvelle définition du poète : inspiré, exigeant et détenteur de l'immortalité. De quoi embellir une vie peu mouvementée.

Un audacieux touche-à-tout

- Ses *Odes* (1550) puis ses *Amours* (1552) renouvellent avec fracas la poésie, au mépris de ses prédécesseurs traités de « poétastres ».
- Ronsard s'affirme comme le **« premier poète lyrique français », explore tous les genres** nouveaux *(Hymnes, Amours, Bergeries, Élégies, Discours)* **et tous les tons**, de la sensualité amoureuse à l'épopée héroïque *(La Franciade)*, en passant par la poésie scientifique, philosophique et militante car il est aussi le premier **poète engagé** – aux côtés des catholiques – dans les guerres de religion. Toujours polémique, il ne se laisse pas cataloguer.

Le prince des poètes

- Grâce à son **sens aigu de la publicité**, Ronsard est perçu comme un poète supérieur aux autres et absolument nécessaire au roi : il est un ***vates*** (prophète) qui reçoit des Muses la fureur poétique sans laquelle on demeure un rimailleur (faiseur de mauvais vers). La poésie devient un sacerdoce, le **poète un élu des dieux et un guide pour l'humanité**.
- « Ce Ronsard que la France honore, chante et prise », selon ses propres mots, meurt en Touraine le 28 décembre 1585.

1552 Ronsard publie *Les Amours*.

⇨ Une révolution poétique

• Dans sa *Défense et Illustration de la langue française* (1549), Du Bellay lance un mot d'ordre à ses amis du groupe de la Pléiade : « Sonne-moi ces beaux sonnets » et « laisse toutes ces vieilles poésies françaises », celles du Moyen Âge.

• Ronsard fixe cet idéal dans son recueil des *Amours* constitué d'odes, de madrigaux et majoritairement de sonnets. Il révolutionne la poésie française en imposant un lyrisme inédit : contrairement au modèle de l'Italien Pétrarque qui chante le coup de foudre pour Laure, Ronsard célèbre un amour choisi pour plusieurs femmes et accompagne son premier recueil d'un cahier musical.

⇨ L'amour, toujours l'amour

• La poésie amoureuse est centrale dans les recueils de Ronsard ; il y feint l'autobiographie en évoquant Cassandre, Marie et Hélène, des maîtresses de fiction, même si elles ont existé.

• Pour chacune, il développe un style particulier. Dans *Les Amours*, il écrit pour la noble Cassandre Salviati des sonnets pétrarquistes si savants qu'ils nécessitent des *Commentaires*. La *Continuation des Amours* (1555), inspirée par la jeune paysanne Marie Dupin, adopte un style simple et sensuel. Les *Sonnets pour Hélène* (1578), qui répondent à une commande royale, sont l'occasion pour le poète « grison » (= vieillissant) de donner une leçon de son savoir-faire à la jeune génération qui le croit dépassé.

• Par-delà les femmes, Ronsard chante l'amour, la mort, et toujours la poésie.

Quel est le contexte historique ?

Le miracle de la Renaissance

Les progrès matériels et scientifiques

• Ronsard naît à un moment qui a pu paraître miraculeux : la Renaissance. La peste noire, qui a ravagé l'Occident aux XIVe et XVe siècles, et les famines s'éloignent, le commerce et l'agriculture redémarrent, les villes s'enrichissent, le luxe réapparaît.

• La découverte et l'exploitation du Nouveau Monde participent au miracle, et font **exploser les connaissances anciennes et les certitudes**. La critique et la curiosité se développent, encouragées par l'**invention de** l'**imprimerie** (1450) qui transforme totalement le rapport aux textes profanes et sacrés.

• D'importantes **découvertes scientifiques** sont réalisées : **Copernic** (1473-1543) démontre que notre système planétaire tourne autour du Soleil, et non de la Terre. L'Église frémit devant tant d'audace, et condamne déjà quelques hérétiques.

L'essor des arts et des lettres

• L'énergique et séduisant **François Ier** (1494-1547), pour lequel armes, sciences et arts sont des moyens de propagande, se fait **« père des arts et des lettres françaises »**. Son **édit de Villers-Cotterêts** (1539) fait du français la langue administrative officielle, et il fonde de grandes institutions à la gloire du savoir humaniste, toujours là aujourd'hui (Collège de France, Bibliothèque nationale).

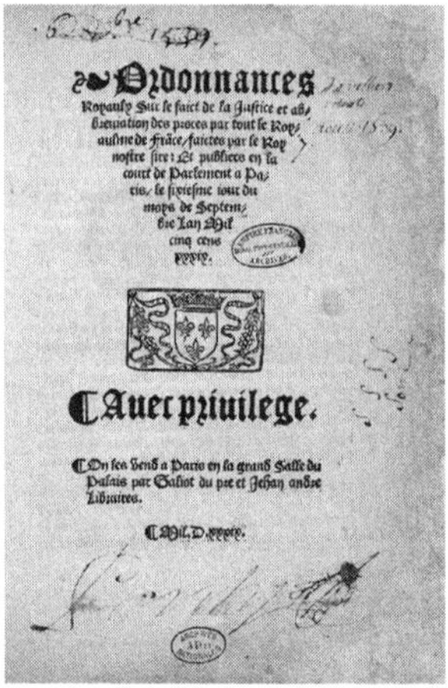
Ordonnances
Royaulx Sur le faict de la Justice et abbreuiation des proces par tout le Royaulme de Frãce, faictes par le Roy nostre sire : Et publiees en la court de Parlement a Paris, le sixiesme iour du moys de Septembre Lan Mil cinq cens xxxix.

Auec priuilege.

On les vend a Paris en la grand Salle du Palais par Galiot du pre et Jehan andre Libraires.

Mil. D. xxxix.

Que se passe t-il à cette époque ?

1517	1524	1515-1547	1539	1547-1559	1559-1
Diffusion de la Réforme protestante	NAISSANCE DE RONSARD	François Ier	Édit de Villers-Cotterêts	Henri II	François

Sa sœur, **Marguerite de Navarre**, auteure reconnue, protège les écrivains, y compris les plus suspectés pour leurs idées nouvelles. C'est le moment bouillonnant où Ronsard entre sur la scène poétique.

La fin tragique du beau XVIe siècle

Le début des guerres de religion

• Dès 1517, un moine allemand, **Martin Luther** (1463-1546), diffuse la **Réforme** protestante en France : l'Église chrétienne est désormais divisée entre les catholiques, soumis au pape, et les protestants qui refusent son autorité.

• Le 1er mars 1562, le **massacre de protestants à Wassy**, ville de l'Est de la France, déclenche les **guerres de religion** qui vont durer jusqu'à l'édit de Nantes, lequel, promulgué par Henri IV en 1598, impose la tolérance religieuse.

La guerre civile

• Entre-temps, les horreurs de la guerre s'enchaînent, culminant lors du **massacre de la Saint-Barthélemy** (nuit du 23 au 24 août 1572) à Paris où plus de 3 000 protestants sont tués jusque dans le palais du Louvre. Les tueries se poursuivent en province dans les jours suivants.

• Dans cette période très violente, Ronsard prend un temps parti pour le pouvoir royal et les catholiques (*Discours sur les misères de ce temps*, 1562), mais **il délaisse vite la poésie militante**, pour chanter le passé national héroïque dans *La Franciade* (1572).

• Cependant les guerres et les crises économiques n'excluent ni l'espoir de redressement, ni les **raffinements de la vie de cour**. Les rois consolident la monarchie et les bals à la cour sont marqués par un faste inouï.

Ci-contre : première page de l'Ordonnance de Villers-Cotterêts (1539).

2	1560-1574	1572	1574-1589	1585
t des guerres ligion	Charles IX	Massacre de la Saint-Barthélémy	Henri III	Mort de Ronsard

Quel est le contexte littéraire et culturel ?

Humanisme et poésie

• L'**humanisme**, encouragé par François Ier, **glorifie l'Antiquité**, le savoir grec et latin ; il fait naître la poésie néolatine, en latin de la Renaissance, et les traductions savantes. Artistes et érudits sont bien plus valorisés que les poètes de l'amour, qui vont alors s'inspirer de la poésie et de la philosophie antiques pour s'affirmer autour de 1550.

Le modèle italien

• Le ***Canzoniere* de Pétrarque** (1304-1374) est fondamental à la Renaissance : ce recueil de 366 poèmes, majoritairement des sonnets, sur l'amour du poète pour Laure de Noves, fonde toute la poésie lyrique amoureuse, ses formes, ses thèmes et ses images.

• S'en inspirent *Les Épigrammes à Anne* (1538) de **Clément Marot**, *La Parfaite Amie* (1540) d'Antoine Héroët et *L'Olive* (1549) de **Joachim du Bellay**, trois recueils de poèmes pétrarquistes, avant *Les Amours* de **Ronsard**, largement imités à leur tour.

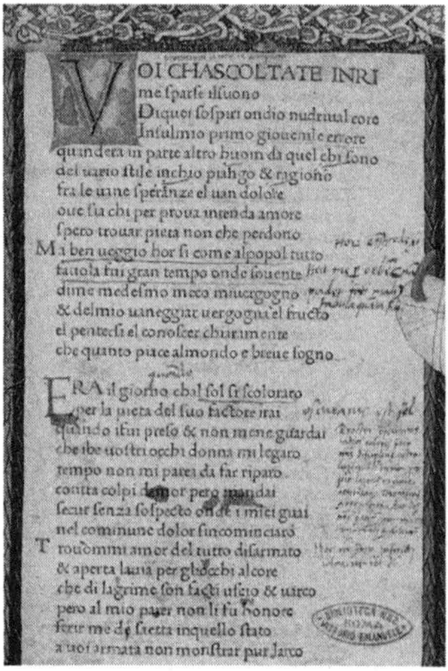

Extrait d'une édition du *Canzoniere* de Pétrarque (1470).

La poésie au-dessus de tout

• Pour créer une poésie puissante, le **groupe lyonnais** (Héroët, Maurice Scève, Louise Labé) et le groupe angevin-parisien de **la Pléiade** (Ronsard, Du Bellay, Baïf) développent des formes modernes à la française et imposent une nouvelle définition de la poésie : plus seulement technique, mais **inspirée**, elle exprime l'essence de l'être. À travers des traités et des préfaces polémiques, poètes et théoriciens se disputent avec ferveur sur ce qui fait la poésie, entre savoir-faire et théorie philosophique.

- **L'enjeu est aussi social** : les auteurs d'origine aristocratique prouvent que la poésie vaut mieux que les armes, carrière obligée pour les aînés de la noblesse. Les autres célèbrent la poésie inspirée et le poète-prophète pour compenser leur infériorité sociale.

Défense et Illustration de la langue française (1549)

- Le traité majeur de la Pléiade est **politique** : la promotion de la langue française par la littérature sert les intérêts du pouvoir. La *Défense et Illustration de la langue française* de Du Bellay **redéfinit le rapport entre le poète et le roi** : si la poésie enrichit la langue, la rendant plus illustre (c'est le sens d'« illustration ») que celle des rivaux antiques et italiens, les rois doivent être attentifs et généreux envers les poètes.
- Pour dominer l'Europe, les rois de France ont besoin d'un **rayonnement culturel fondé sur la langue**. La leçon de la Pléiade est claire : Jupiter a besoin d'Apollon, le dieu grec de la poésie.

Les arts au service du roi

- À la Renaissance, tous les arts sont perçus comme des variantes d'une même inspiration. **Poésie, peinture, sculpture et musique sont associées** pour célébrer rois et grands seigneurs lors de déplacements importants dans les villes du royaume. De somptueuses cérémonies **fêtent leurs entrées**, pour lesquelles les poètes écrivent emblèmes, devises et louanges imprimés et gravés sur des arcs de triomphe. Ronsard organise celle de Charles IX à Paris en 1571.

En quoi consiste la poésie amoureuse de Ronsard ?

Les Amours assurent le succès du sonnet

• Ronsard **adopte le sonnet italien**. Sa virtuosité **renouvelle** avec un succès immédiat cette forme fixe et contraignante : 14 vers, une expression resserrée, conduisant vers la pointe finale qui concentre tous les thèmes en une formule choc, le *concetto*.

• Jusqu'en 1555, les vers sont **décasyllabiques** (10 syllabes) ; ensuite l'**alexandrin** (12 syllabes) domine, mais Ronsard **utilise les deux types de vers**, alterne les systèmes de rimes et la répartition des strophes, pour séduire le public par la variété.

• Il impose un style élevé pour la poésie lyrique, et le titre *Amours* pour les recueils de sonnets amoureux qui se multiplient après lui.

Quand imiter, c'est créer

• Pour rendre la langue française puissante, la Pléiade développe la **théorie de l'imitation** : les poètes doivent imiter d'autres auteurs, principalement ceux de l'Antiquité. Mais **imiter n'est pas copier** : c'est se nourrir de ceux qu'on imite, s'approprier leur vigueur et en faire surgir une **force nouvelle**. Les figures rhétoriques permettent de transmettre aux lecteurs cette énergie empruntée.

• Ronsard **imite** donc **les odes des grands auteurs grecs et latins**, Pindare et Horace, alors inédites en français, **et les sonnets de Pétrarque** traduits en 1548, mais assure qu'il s'est éloigné d'eux en « prenant style à part, sens à part, œuvre à part ».

• Ainsi, ses *Amours* sont fidèles à Pétrarque, mais sa *Nouvelle Continuation* s'en moque dès l'année suivante, affirmant haut et fort sa liberté : « Pétrarque sur moi / n'avait autorité pour me donner sa loi. »

Un nouveau lyrisme

Le lyrisme des *Amours* est l'expression personnelle des sentiments, mais il traduit aussi la puissance du poète pour harmoniser musicalement les mots et créer une **langue à la fois universelle et personnelle**, une **voix lyrique**.

• Désormais, chanter les exploits guerriers de la France ne vaut pas plus que chanter les amours de Cassandre ou de Marie : la poésie amoureuse ronsardienne **sert les ambitions nationales** en créant une nouvelle poésie française.

• Poète du cœur, Ronsard est aussi **poète de cour** : il influence la vie des courtisans en offrant un modèle de relation amoureuse, avec son supplément musical conçu pour des plaisirs raffinés.

La poésie plus forte que l'amour

• Au-delà de l'amour, crucial dans ses recueils, Ronsard, dont on ignore la véritable vie sentimentale, **célèbre avant tout la poésie**. Il se joue de la réalité de ses aventures amoureuses, cherche à comprendre plus qu'à éprouver l'amour, et se questionne essentiellement sur la manière d'écrire.

• Les femmes des *Amours* lui permettent d'évoquer son propre désir et de l'exprimer, tantôt d'un « vers hautement grave », tantôt d'un « beau style bas », « sans enflure ni fard, d'un mignard et doux style ». Ce n'est pas une femme qu'il célèbre, mais **un art poétique qu'il définit**, traçant en creux son ambitieux portrait de poète inspiré par le souffle divin.

Les Amours : la fiche d'identité

Synopsis

• Dans ses recueils de poésie amoureuse, Ronsard chante les rigueurs, toujours plus cruelles, de la femme aimée et l'espoir, toujours renouvelé, d'obtenir ses faveurs. Ce sont : en 1552, *Les Amours* ; en 1553, la seconde édition des *Amours*, enrichie de 39 pièces ; en 1555, la *Continuation des Amours* ; en 1556, la *Nouvelle Continuation des Amours* ; en 1578, les *Sonnets pour Hélène* et *Sur la mort de Marie* dans la cinquième édition de ses *Œuvres*.

• Ces recueils sont repris dans les sept éditions des *Œuvres* de Ronsard entre 1560 et 1586.

Personnages principaux

• **Cassandre Salviati**, jeune noble d'origine italienne, a 15 ans quand Ronsard la rencontre lors d'un bal à la cour de Blois en 1545.

• **Marie Dupin**, villageoise de Bourgueil, dont Ronsard fait la connaissance au printemps 1555.

• **Marie de Clèves**, princesse de l'entourage du duc d'Anjou, futur Henri III, qui la courtisait, meurt à 21 ans.

• **Hélène de Surgères**, dame d'honneur de la reine Catherine de Médicis, vient de perdre son amant à la guerre.

Quelques clés

• La **mythologie antique** fournit à Ronsard bien des épisodes amoureux, des figures féminines (Cassandre et Hélène de Troie) et surtout des images de poètes, dont Orphée : sa lyre, à l'origine du lyrisme, accompagne des vers qui séduisent dieux, hommes et animaux.

• Le **pétrarquisme** renvoie à l'humaniste italien Pétrarque qui chante l'inaccessible Laure dans son *Canzoniere* (1348), réservoir de clichés poétiques dont l'*innamoramento* (le coup de foudre), l'idéalisation de la femme, blonde et froide, les tourments de la passion. Ronsard y puise, mais y ajoute la sensualité du corps.

• Le **néoplatonisme** est l'interprétation à la Renaissance de la philosophie de Platon (428-348 av. J.-C.) pour qui l'expérience de la *furor*, sorte d'extase qui met l'homme en contact avec le divin, permet d'élever l'âme et de saisir l'univers par la pensée. La poésie et l'amour permettent cette expérience : en chantant ses amours, Ronsard célèbre l'absolu de l'amour.

Mignonne, allons voir si la rose...
et autres poèmes

Les notes

1. Ce poème ouvre la série des 22 poèmes proposés ici pour donner une vue d'ensemble de l'œuvre poétique de Ronsard. Il s'agit d'une ode tirée du recueil intitulé *Odes* et paru en 1550. L'ode, appelée aussi *chant lyrique*, est proche de ce qu'on appelait jusqu'alors *chanson*. Elle fait partie des genres hérités de l'Antiquité, que la Renaissance – et en particulier le groupe de la Pléiade – a aimé cultiver. Le recueil des *Odes* de Ronsard en est la première illustration en français.

2. Anacréon : poète grec du VIe siècle av. J.-C., auteur de poèmes célébrant l'amour et la bonne chère, qui ont inspiré la poésie dite « anacréontique » de la Renaissance.

3. Cupidon : nom donné par les Romains au dieu de l'amour (Éros chez les Grecs) ; **poupon** : bébé gros et joufflu, forme sous laquelle Cupidon, fils de Vénus, est traditionnellement représenté.

4. À l'entour : aux alentours.

5. Avettes : abeilles ; elles symbolisent l'âme.

6. Logettes : diminutif de *loge* pour désigner les alvéoles de la ruche.

7. S'en-courant : courant, se précipitant.

8. Enflure : fait d'être enflé.

À mille lieues des dieux cruels de l'amour, cette ode[1] imitée d'Anacréon[2] joue avec les grandes et terribles figures de la mythologie antique. Cupidon est un poupon[3] inoffensif, et Vénus, sa mère, incarnation de l'amour maternel, gronde avec amusement son fils. Ronsard dédramatise les blessures d'amour par l'usage d'un style mignard, c'est-à-dire gracieux, délicat, fait de diminutifs.

« Le petit enfant Amour... »

Le petit enfant Amour
Cueillait des fleurs à l'entour[4]
D'une ruche, où les avettes[5]
Font leurs petites logettes[6].

Comme il les allait cueillant,
Une avette sommeillant
Dans le fond d'une fleurette,
Lui piqua la main douillette.

Sitôt que piqué se vit,
« Ah ! je suis perdu » ce dit
Et, s'en-courant[7] vers sa mère,
Lui montra sa plaie amère ;

« Ma mère, voyez ma main,
Ce disait Amour tout plein
De pleurs, voyez quelle enflure[8]
M'a fait une égratignure ! »

Alors Vénus se sourit
Et en le baisant le prit,
Puis sa main lui a soufflée
Pour guérir sa plaie enflée.

ooo

Les notes

1. Grâces : dans la mythologie romaine, Vénus est accompagnée de trois jeunes déesses, les Grâces, qui symbolisent la beauté et le bonheur : Euphrosyne (la joie), Thalie (l'abondance) et Aglaé (la splendeur).

2. Aiguilles poignantes : aiguilles à cheveux, au bout pointu.

3. Nenni : non.

4. Serpenteau : petit d'un serpent.

5. Avecque : avec.

6. Connois : connais ; « connois » rime avec « villageois ».

7. La montagne d'Hymette : montagne de Grèce, située au sud-est d'Athènes, réputée pour son excellent miel depuis l'Antiquité.

8. Mélisette : petite abeille (du grec *mélissa*, « abeille »).

9. Doncques : donc.

10. Quand son alène époinçonne : quand son dard pique.

11. Au prix de lui : comparé à lui.

12. Sagettes : flèches ; le plus souvent employé avec une connotation plaisante.

« Qui t'a, dis-moi, faux garçon,
Blessé de telle façon ?
Sont-ce mes Grâces [1] riantes
De leurs aiguilles poignantes [2] ?

– Nenni [3], c'est un serpenteau [4],
Qui vole au Printemps nouveau
Avecque [5] deux ailerettes
Çà et là sur les fleurettes.

– Ah ! vraiment je le connois [6],
Dit Vénus ; les villageois
De la montagne d'Hymette [7]
Le surnomment Mélissette [8].

Si doncques [9] un animal
Si petit fait tant de mal,
Quand son alène époinçonne [10]
La main de quelque personne,

Combien fais-tu de douleur,
Au prix de lui [11], dans le cœur
De celui en qui tu jettes
Tes amoureuses sagettes [12] ? »

Odes, IV, 16

Les notes

1. Cette ode ouvre la série des *Amours* qui comprend des extraits de la seconde édition (1553) du recueil des *Amours*, devenus en 1560 le *Premier Livre des Amours* (« Amours de Cassandre »). Sont aussi proposés des poèmes tirés de la *Continuation des Amours* de 1555, et de la *Nouvelle Continuation des Amours* de 1556, devenues à partir de 1560 le *Second Livre des Amours* (« Amours de Marie »).

2. Topos : lieu commun, sujet qui revient souvent dans le discours, à la manière d'un cliché.

3. Avait déclose : s'était ouverte.

4. A point perdu : n'a pas perdu.

5. Vesprée : soirée (de *vêpres*, office religieux du soir).

6. Las : hélas.

7. En peu d'espace : en peu de temps.

8. Choir : tomber.

9. Marâtre : mauvaise mère.

10. Fleuronne : est dans la plus belle période de sa vie, dans la *fleur* de son âge.

11. Allusion au *carpe diem* (expression signifiant « cueille le jour présent »), repris d'une ode du poète latin Horace (Ier siècle av. J.-C.).

Cette ode dédiée à Cassandre Salviati figurait à la fin de la seconde édition des Amours en 1553[1]*, dans une section intitulée « Quelques odes de l'auteur, non encore imprimées », pour cultiver le goût de la nouveauté. Derrière la simplicité et la tendresse affichées, Ronsard pose un ultimatum à sa jeune Mignonne dont la beauté se fanera aussi vite qu'une rose. Il renouvelle ainsi le topos*[2] *de la femme-fleur.*

« Mignonne, allons voir si la rose... »

Mignonne, allons voir si la rose
Qui ce matin avait déclose[3]
Sa robe de pourpre, au soleil,
A point perdu[4] cette vesprée[5],
Les plis de sa robe pourprée,
Et son teint au vôtre pareil.

Las[6], voyez comme en peu d'espace[7],
Mignonne, elle a dessus la place
Las, las, ses beautés laissé choir[8] !
Ô vraiment marâtre[9] Nature,
Puisqu'une telle fleur ne dure
Que du matin jusques au soir !

Donc, si vous me croyez, mignonne,
Tandis que votre âge fleuronne[10]
En sa plus verte nouveauté,
Cueillez, cueillez votre jeunesse[11],
Comme à cette fleur, la vieillesse
Fera ternir votre beauté.

« Ode à Cassandre », *Premier Livre des Amours : Amours de Cassandre*

Les notes

1. Prométhée : dans la mythologie grecque, il vole le feu à Zeus pour l'offrir aux hommes. La vengeance du maître des dieux est terrible : Prométhée est enchaîné à un rocher et un aigle vient chaque jour lui dévorer le foie, qui se reconstitue sans cesse afin que son tourment soit éternel. Sur les emblèmes de la Renaissance, c'est cependant le cœur, plutôt que le foie, qui est mangé par le rapace : Prométhée devient un amoureux au cœur dévoré.

2. Or ... ores (ou or) : tantôt ... tantôt.

3. De rien ne me chaut : je suis indifférent à tout.

4. Je me délace : je romps mes liens.

5. Je me relie : je m'attache.

6. Ce qui m'ennuie : ce qui me tourmente, ce qui me met au supplice (sens fort du verbe).

7. Le cœur me défaut (du verbe *défaillir*) : le cœur me manque, me lâche.

8. Je doute : je redoute, je crains.

9. Si : pourtant.

10. Rétif : rebelle.

11. Allusion au Phénix, oiseau mythologique qui renaît de ses cendres, symbole de l'immortalité.

12. Pour aimer : parce que j'aime.

Le poète amoureux se peint en Prométhée[1], souffrant sans cesse, mais toujours recommençant son supplice. L'amour ne conduit-il pas à éprouver des sentiments contraires, entre exaltation et désespoir ? Cet état de tension extrême ne doit pas faire oublier que Prométhée est aussi celui qui offrit aux hommes le feu divin, image de l'amour et de la poésie pour Ronsard.

« J'espère et crains, je me tais et supplie… »

J'espère et crains, je me tais et supplie,
Or' je suis glace, et ores[2] un feu chaud,
J'admire tout, et de rien ne me chaut[3],
Je me délace[4], et puis je me relie[5].

Rien ne me plaît sinon ce qui m'ennuie[6] ;
Je suis vaillant, et le cœur me défaut[7],
J'ai l'espoir bas, j'ai le courage haut,
Je doute[8] Amour, et si[9] je le défie.

Plus je me pique, et plus je suis rétif[10],
J'aime être libre, et veux être captif,
Cent fois je meurs, cent fois je prends naissance[11].

Un Prométhée en passions je suis,
Et pour aimer[12] perdant toute puissance,
Ne pouvant rien je fais ce que je puis.

Premier Livre des Amours :
Amours de Cassandre, sonnet 12

Page 17

« Le petit enfant amour… »

1

Quelles inversions structurent cette ode ?

• Le récit est construit sur le **schéma de l'arroseur arrosé** : Amour, d'ordinaire cruel, s'est blessé en faisant un bouquet.
• Ronsard valorise les **instincts maternels** de Vénus, la déesse de l'amour, ici plutôt mère qu'amante.
• La plainte, propre à l'élégie amoureuse, est transformée en pleurs d'enfant qui paraissent excessifs et suscitent une **leçon de morale** : si **l'amour peut être amer**, sans doute vaut-il mieux ne pas faire souffrir ceux qu'on aime.

2

Quel ton adopte Ronsard ?

• Ronsard choisit une **anecdote amusante** d'Anacréon, montrant ainsi la **variété** de la poésie antique que la Pléiade demande d'imiter.
• Le **monde de l'enfance** d'Amour accentue la **dimension comique**.
• Le **jeu de mot savant** sur « Mélissette » (v. 32) participe d'un **comique élevé**, fondé sur la culture du lecteur.
• Le **style humble et mignard** des heptasyllabes (vers de 5 syllabes) cumule les diminutifs, les archaïsmes, la comparaison de la blessure d'amour à la piqure d'abeille : il donne **légèreté et musicalité** à l'ode.

3

Quelles images de l'amour cette ode propose-t-elle ?

• Amour garde ses **emblèmes habituels** : un **enfant** et des **flèches**, qu'il décoche **dans le coeur** des amoureux.
• Si Amour est un enfant insouciant mais charmant, l'amour est **plaisant même lorsqu'il fait mal** : on retrouve l'oxymore du **doux mal**.
• Amour est à la fois **fort et fragile** : il se plaint en pleurant et **exagère ses maux** dont Vénus s'amuse. Le **pouvoir des mots** peut **transformer la plainte en poésie**.

DÉFINITION CLÉ

Les trois modes du discours lyrique à la Renaissance

• Le **discours descriptif** décrit les beautés de la dame.
• Le **discours narratif** fait le récit d'une anecdote.
• Le **discours argumentatif** cherche à convaincre ou à dissuader la dame.

Par le lyrisme, le poète peut vouloir **émouvoir et susciter l'admiration** chez le lecteur ou chez la dame. Il peut aussi simplement **exprimer son désir**.

« Mignonne, allons voir si la rose... »

1

Comment Ronsard rend-il la musicalité de l'ode ?

• Par les **répétitions lexicales à des places variées** dans les vers, comme « Mignonne », qui accentuent la simplicité mélodique de l'ensemble.
• Par l'**usage d'allitérations et d'assonances.**
• Par le **rythme régulier** des octosyllabes des trois sizains aux rimes suivies puis embrassées, et l'emploi des **exclamatives** de la 2e strophe.

2

Quelles formes prend l'éloge de Cassandre ?

• Un **éloge pétrarquiste** par la comparaison de la femme à la fleur, l'évocation de son teint et la connotation religieuse de « vesprées ».
• Un **éloge humaniste** par l'allusion savante au philosophe antique Épicure qui invite à profiter du jour présent, *carpe diem* en latin.
• Une **poésie intime et tendre** rendue par l'hypocoristique (terme affectueux) « mignonne » (v. 1, 8, 17), l'invitation à la 1re personne du pluriel (« allons », v. 1) et les adresses directes à la 2e personne du pluriel (v. 7, 13, 16).

3

Comment le poète cherche-t-il à influencer la femme aimée ?

• Par **la raison autant que par les sentiments** : les déictiques (termes servant à montrer) rendent son argumentation rigoureuse, la dernière strophe associe la destinée de Cassandre à celle de la rose.
• L'évocation de la tragédie du temps qui passe vise à convaincre **par la peur**. Les interjections de la 2e strophe marquent la tonalité pathétique, et les injonctions, l'urgence d'aimer au présent.
• Le motif du ***carpe diem***, appel à l'amour présent, corrige cette menace.

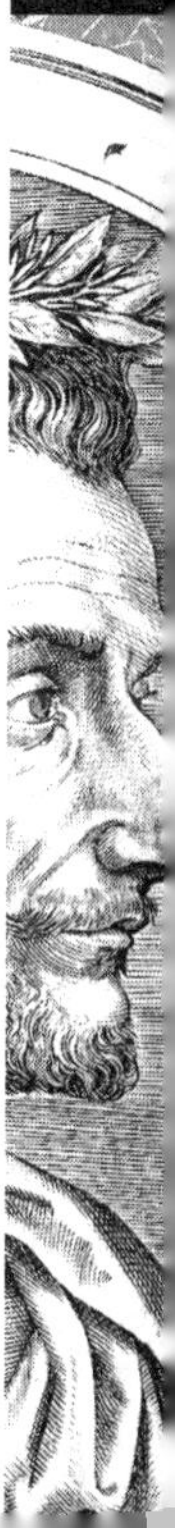

DÉFINITION CLÉ

L'ode

• Genre nouveau **emprunté à l'Antiquité**, l'ode (de 8 à 800 vers) est une version libre et haute de la **chanson**, sans refrain, qui se prête le mieux à la musique.

• Poème divisé en strophes semblables par le nombre et la mesure des vers, l'ode (du grec *ôdè*, « chant ») est aussi appelée « **chant lyrique** ». Selon le sujet ou la forme, on distingue :
– l'ode ***pindarique*** ou ***héroïque***, pour les **sujets élevés** (influence de *Pindare*, poète grec du Ve siècle av. J.-C.) ;
– l'ode ***anacréontique*** pour le **thème amoureux**, comme ici (influence d'*Anacréon*, poète grec du VIe siècle av. J.-C.)

Les notes

1. Les nerfs : les cordes de la lyre sont faites des nerfs de bœuf.

2. Me martyre : me martyrise.

3. Sans la chanter arrière me retire : sans que je puisse la chanter, elle me repousse en arrière.

4. De cent fureurs pantoiement : en haletant de cent fureurs. « Fureurs » renvoie aux théories antiques qui distinguent quatre « fureurs », sortes de délires permettant l'élévation de l'âme : le délire poétique des Muses, le délire mystique de Dionysos, le délire prophétique d'Apollon, et le délire amoureux de Vénus. Toutes aident le poète à écrire.

5. La Prêtresse folle : allusion à la Pythie de Delphes qui, après être entrée en transe, recevait les messages d'Apollon. Le lien entre prophétie et poésie n'est cependant pas à l'avantage du poète qui semble plus fou qu'inspiré.

6. Qui bègue : « bègue » est ici un adjectif en apposition pour caractériser la « prêtresse folle » qui bégaie.

7. Pour néant : en vain, inutilement, puisque le Dieu Apollon est le plus fort.

8. Fraude : trompe.

9. Je suis béant : je reste bouche bée.

Dévoré par sa passion pour Cassandre, le poète en perd ses mots, mais pas son statut de vatès *(prophète) puisqu'il reste semblable à la Pythie de Delphes, fameuse pour ses oracles divins qu'elle recevait directement d'Apollon, le dieu de la poésie. Si l'amour rend muet pour chanter Cassandre, il rend possible un nouveau sujet poétique sur la difficulté à dire l'amour.*

« Bien mille fois et mille j'ai tenté... »

Bien mille fois et mille j'ai tenté
De fredonner sur les nerfs [1] de ma lyre,
Et sur le blanc de cent papiers écrire
Le nom, qu'Amour dans le cœur m'a planté.

Mais tout soudain je suis épouvanté,
Car sa grandeur qui l'esprit me martyre [2]
Sans la chanter arrière me retire [3]
De cent fureurs pantoiement [4] tourmenté.

Je suis semblable à la Prêtresse folle [5],
Qui bègue [6] perd la voix et la parole,
Dessous le Dieu qu'elle fuit pour néant [7].

Ainsi piqué de l'Amour qui me touche
Si fort au cœur, la voix fraude [8] ma bouche,
Et voulant dire, en vain je suis béant [9].

Premier Livre des Amours :
Amours de Cassandre, sonnet 27

Les notes

1. Voir p. 11.

2. Les petits corps culbutant de travers : allusion à la théorie du *clinamen* du philosophe antique Épicure (342-270 av. J.-C.); les « petits corps » sont les atomes accrochés les uns aux autres après leur chute en biais pour former la matière. Mais des sous-entendus érotiques se cachent sous le vernis philosophique du premier quatrain.

3. Parmi : par.

4. Hurtés : heurtés.

5. Ennui : sens fort de « tourment », « très grande douleur ».

6. Soin : souci.

7. Les pensers : les pensées. Le nom masculin est maintenu pour assurer la régularité métrique du sonnet.

8. Le mot « amour » est féminin au XVIe siècle, d'où l'accord de l'épithète.

9. Ce deuxième quatrain marque le resserrement sur l'intimité, après l'évocation cosmique du début. La comparaison inattendue entre la formation du sentiment amoureux et la physique atomiste illustre la fantaisie érudite de Ronsard.

10. S'il advient : s'il arrive.

11. Orines : en or.

12. Rosins : de rose.

13. Ivoirines : d'ivoire.

14. Même mort, le poète reste un microcosme (un « petit tout ») réduit aux quatre éléments, mais toujours lié au macrocosme (le « grand Tout ») par la seule force de sa voix poétique.

Voici un exemple de la poésie très savante défendue par le groupe des sept poètes de la Pléiade, dont les idées sont exposées par Du Bellay dans la Défense et Illustration de la langue française[1]. *Avec beaucoup de fantaisie, Ronsard reprend la physique antique pour rapprocher la chute des atomes à l'origine du monde (nous dirions le big bang) des tourments amoureux. La Renaissance pense en effet que l'homme est lié au cosmos : ce « petit tout » est à l'image du « grand tout » qu'est l'Univers. Et donc, même s'il meurt en chantant sa dame, le poète sera entendu de l'univers entier, assurant à l'aimée une gloire interstellaire.*

« Les petits corps, culbutant de travers... »

Les petits corps, culbutant de travers[2],
Parmi[3] leur chute en biais vagabonde,
Hurtés[4] ensemble, ont composé le monde,
S'entracrochant d'accrochements divers.

L'ennui[5], le soin[6], et les pensers[7] ouverts,
Croisant le vain de mon amour profonde[8],
Ont façonné d'une attache féconde,
Dedans mon cœur l'amoureux univers[9].

Mais s'il advient[10] que ces tresses orines[11],
Ces doigts rosins[12], et ces mains ivoirines[13]
Froissent ma vie, en quoi retournera

Ce petit tout ? En eau, air, terre, ou flamme[14] ?
Non, mais en voix qui toujours de ma dame
Par le grand Tout les honneurs sonnera.

Premier Livre des Amours :
Amours de Cassandre, sonnet 37

Les notes

1. Si : pourtant.

2. Secourir : soulager.

3. Par qui : par lequel.

4. Séjour : délai.

5. Le soin : le souci.

6. Folâtrement : en s'amusant, avec un plaisir fou.

7. Prodigue : généreuse ; caractérise la maîtresse du poète qui le garde dans ses bras toute une nuit.

8. Ira payant : paiera ; tournure latine du verbe *aller* suivi du participe présent pour exprimer le futur.

Dans une série d'oxymores, alliance de deux mots de sens opposés, Ronsard reprend le motif pétrarquiste de la douce douleur qui allie l'amour à la mort. Les tercets marquent cependant un revirement, la volta *du sonnet, en évoquant l'espoir fou de voir cette souffrance enfin récompensée par une nuit d'amour. Il faut décidément beaucoup souffrir pour être aimé...*

« Amour me tue, et si je ne veux dire... »

Amour me tue, et si [1] je ne veux dire
Le plaisant mal que ce m'est de mourir,
Tant j'ai grand peur qu'on veuille secourir [2]
Le mal par qui [3] doucement je soupire.

Il est bien vrai que ma langueur désire,
Qu'avec le temps je me puisse guérir :
Mais je ne veux ma Dame requérir
Pour ma santé, tant me plaît mon martyre.

Tais-toi langueur, je sens venir le jour
Que ma maîtresse, après si long séjour [4],
Voyant le soin [5] qui ronge ma pensée,

Toute une nuit, folâtrement [6] m'ayant
Entre ses bras, prodigue [7], ira payant [8]
Les intérêts de ma peine avancée.

Premier Livre des Amours :
Amours de Cassandre, sonnet 46

Les notes

1. Oiseux : inactif, immobile.

2. Emmiellée : au sens propre, recouverte de miel ; au sens figuré, douce comme le miel.

3. Or : tantôt ; l'adverbe est répété trois fois.

4. Recelée : cachée.

5. Folâtre : s'amuse avec un plaisir fou (3e personne du singulier du présent du verbe *folâtrer*) ; ce verbe renvoie au chevreuil qui gambade en s'amusant, sans but précis.

6 Rets : filets de chasse.

7. Ne : ni.

8. Trait : flèche.

9. Sur l'Avril de mon âge : métaphore pour « dans ma jeunesse ».

*Le chevreuil est une autre image du poète dans sa jeunesse, libre et insouciant jusqu'au moment fatal du coup de foudre. On reconnaît l'*innamoramento*, ou coup de foudre pétrarquiste : comme une seule flèche tue le chevreuil, un seul regard suffit à blesser mortellement le poète, en un clin d'œil, tant le poète est naïf et la vie fragile.*

« Comme un chevreuil, quand le printemps détruit... »

Comme un chevreuil, quand le printemps détruit
L'oiseux[1] cristal de la morne gelée,
Pour mieux brouter la feuille emmiellée[2],
Hors de son bois avec l'Aube s'enfuit,

Et seul, et sûr, loin de chiens et de bruit,
Or[3] sur un mont, or dans une vallée,
Or près d'une onde à l'écart recelée[4],
Libre, folâtre[5] où son pied le conduit,

De rets[6] ne[7] d'arc sa liberté n'a crainte,
Sinon alors que sa vie est atteinte
D'un trait[8] meurtrier empourpré de son sang.

Ainsi j'allai sans espoir de dommage,
Le jour qu'un œil sur l'Avril de mon âge[9]
Tira d'un coup mille traits en mon flanc.

Premier Livre des Amours :
Amours de Cassandre, sonnet 60

Page 23

« J'espère et crains, je me tais et supplie… »

1

Sur quelles figures de style le sonnet est-il construit ?

• L'accumulation d'**antithèses entre douleur et plaisir** structure ce sonnet inspiré de plusieurs poèmes de Pétrarque.
• Les **rythmes binaires** scandent les décasyllabes par le **jeu des juxtapositions** ou des **répétitions des conjonctions de coordination.**
• Binarité accentuée par l'**analogie explicite entre le poète et Prométhée** (v. 12) et l'**analogie implicite entre le poète et le Phénix** (v. 11). L'immortalité de la souffrance et l'immortalité poétique sont ainsi liées.

2

Quel est le sujet central du sonnet ?

• Les **sentiments du poète face à sa dame**, absente du sonnet. Le lyrisme renvoie au **narcissisme de l'écriture amoureuse** de Ronsard, plus intéressé par l'amour de la poésie que par la femme.
• La souffrance amoureuse devient une **expérience stimulante et féconde** parce qu'elle est simultanément liée au plaisir.
• **L'amour et la poésie sont des défis à la mort** : face à l'inconstance des sentiments du locuteur, **l'énergie vitale domine**. Le constat de la **vanité humaine** conduit non pas vers des pensées morbides, mais vers la vie et l'écriture.

3

Comment Ronsard crée-t-il ce dynamisme ?

• L'usage du **décasyllabe** crée un **rythme plus rapide** et enlevé.
• Les **tensions accumulées** dans le sonnet favorisent son **dynamisme par l'abondance** qui en ressort : Ronsard est un **poète du mouvement** par son **ivresse à écrire qui définit son lyrisme**.

DÉFINITION CLÉ

Le sonnet

• Étymologiquement, « sonnet » signifie « petite chanson ». Certains attribuent l'invention de cette forme fixe aux troubadours, d'autres à l'école italienne. En raison de l'engouement en France pour la poésie de **Pétrarque**, le sonnet est **importé d'Italie** vers 1538.

• Le **sonnet régulier** comprend **quatorze vers** (décasyllabes, puis alexandrins en 1555) répartis en **deux quatrains** à rimes embrassées, sur deux rimes, et **deux tercets** avec plusieurs combinaisons de rimes possibles : ccd, ede **(sonnet français)**, ccd, eed **(sonnet marotique)**, ou sur deux rimes : cdd-dcd **(sonnet italien)**.

Page 31

« Amour me tue, et si je ne veux dire... »

1

Ce sonnet est-il entièrement pétrarquiste ?

- Pétrarque fournit le motif de l'**affrontement contrasté** entre le locuteur et sa dame, ainsi que les antithèses (le ***dissidio***).
- Le **lien entre l'amour et la mort** est cependant déjà ancien.
- Les tercets relèvent de la même veine grivoise que les *Folâtries* de Ronsard : la **poésie érotique** issue de l'Antiquité.

2

Comment s'exprime le désir amoureux ?

- Ronsard exprime sans détour son **désir sexuel** dans les tercets : il pressent l'**accomplissement d'une nuit d'amour**.
- Le ***concetto*** culmine sur l'image très concrète du **salaire de sa peine** : son martyre amoureux mérite récompense.
- La **sensualité manifeste la force et l'âpreté du désir** qui contrastent avec la première partie du sonnet.

3

Quelle forme le lyrisme prend-il dans ce sonnet ?

- **Dire le « plaisant mal »** importe plus que tout au locuteur : la rime « dire » / « soupire » (v. 1 et 4) explicite le **besoin d'exprimer la souffrance amoureuse**.
- **Cette souffrance est rendue sacrée** par la connotation religieuse de « martyre » (v. 8), mais l'**autorité du poète** la fait disparaître : l'impératif qu'il adresse à sa langueur entraîne un chant de désir.
- **Le poète dit le désir et jouit de le dire** : la récompense espérée de la dame rappelle le geste du mécène qui paie l'artiste pour son œuvre.

DÉFINITION CLÉ

Les rimes

- On distingue les **rimes embrassées** (abba), **suivies** (aabb) et **croisées** (abab).
- La **rime équivoquée** réunit deux homonymes ou deux groupes de mots ayant un sens différent.
- Une **rime riche** est fondée sur trois homophonies (ex. : pire / expire), une **rime pauvre** sur une seule voyelle (ex. : sot / beau). Au-delà de trois homophonies, on parle de **rime léonine** (ex. : acéré / ulcéré).

Les notes

1. Si plus : si davantage.

2. Avant mes jours : avant la fin de mes jours, avant de mourir.

3. Cette jeune écorce : mon apparence de jeune homme.

4. Jà de mon cœur je sens moindre la force /Se transmuer : Je sens déjà (« Jà ») la force de mon cœur s'affaiblir (« moindre ») et se transformer (« se transmuer »).

5. Mon ardent penser : ma pensée brûlante d'amour.

6. Poudre d'amorce : poudre à canon, très inflammable. Les vers 7 et 8 dépendent sur le plan grammatical de l'infinitif « se transmuer » (se transmuer … en).

7. Malencontreux : malheureux.

8. Humer : sentir en aspirant par le nez ; **breuvage amoureux** : allusion au philtre d'amour.

9. À si longs traits : construit sur l'expression *boire à longs traits*, à grandes gorgées ; **œillade** : coup d'œil, regard.

10. Ô fortuné ! si… : Que j'aurais été heureux si…

Dans ce sonnet sur la maladie d'amour, Ronsard reprend le thème pétrarquiste de l'innamoramento (coup de foudre) mais il le mêle à d'autres images : celle de la métamorphose du bois vert en poudre à canon, image du jeune poète prêt à s'enflammer, ou encore celle du philtre d'amour dont le seul parfum suffit à rendre amoureux.

« Amour, si plus ma fièvre se renforce... »

Amour, si plus[1] ma fièvre se renforce,
Si plus ton arc tire pour me blesser,
Avant mes jours[2] j'ai grand'peur de laisser,
Le vert fardeau de cette jeune écorce[3].

Jà de mon cœur je sens moindre la force
Se transmuer[4], pour sa mort avancer,
Devant le feu de mon ardent penser[5],
Non en bois vert, mais en poudre d'amorce[6].

Bien fut pour moi le jour malencontreux[7],
Quand je humai le breuvage amoureux[8],
Qu'à si longs traits me versait une œillade[9].

Ô fortuné ! si[10] pour me secourir,
Dès le jour même Amour m'eut fait mourir,
Sans me tenir si longuement malade !

Premier Livre des Amours :
Amours de Cassandre, sonnet 104

Les notes

1. Dans *Les Métamorphoses*, long poème en quinze livres, Ovide met en scène des centaines de transformations de dieux ou d'hommes en animaux, en plantes ou en rochers ou autres éléments naturels.

2. Tout l'imparfait de cette écorce humaine : toute l'imperfection du corps dont le poète est pressé de se débarrasser pour élever son âme jusqu'au royaume des dieux. Suivant les néoplatoniciens (les relecteurs de Platon à la Renaissance), l'homme doit se détacher de sa matérialité pour élever son intellect jusqu'au monde abstrait des Idées : la poésie et l'amour peuvent conduire à la Beauté, à la Vertu et à la Vérité qui le constituent.

3. M'éternisant : devenant éternel, immortel.

4. Fils d'Alcmène : Hercule, fils de Jupiter et de la mortelle Alcmène. Si ses douze travaux sont bien connus, la fin de sa vie l'est moins : frappé de folie par l'épouse de Jupiter, il tue ses enfants. Il est condamné au bûcher mais Jupiter ordonne que le héros en soit arraché et le conduit dans l'Olympe, la demeure des dieux, où il devient immortel (« m'éternisant ») : c'est l'apothéose d'Hercule.

5. Jà mon esprit chatouillé de son mieux : déjà mon esprit piqué de son désir du bien (« son mieux ») [ce bien que l'esprit espère quand il sera séparé du corps].

6. Rebelle : qui ne se soumet pas à la volonté des autres ; l'adjectif caractérise « mon esprit ».

7. Las : hélas.

8. Net, libre et nu : c'est-à-dire débarrassé de son enveloppe charnelle pour n'être qu'une âme, un pur esprit.

9. L'autre beauté dont la tienne est venue : la beauté céleste d'où Cassandre tient sa beauté de femme.

Dans ce sonnet néoplatonicien, entièrement construit sur un mouvement ascensionnel, Ronsard, inspiré par le poète latin Ovide[1] (Ier siècle av. J.-C.), se peint en Hercule. L'amant espère retrouver parmi les dieux la beauté qu'incarne Cassandre sur terre. Il doit auparavant se débarrasser de son « écorce » terrestre. Le feu de l'amour n'est donc plus un mal puisqu'il lui permet d'accéder au monde céleste des Idées.

« Je veux brûler pour m'envoler aux cieux... »

Je veux brûler pour m'envoler aux cieux
Tout l'imparfait de cette écorce humaine[2],
M'éternisant[3], comme le fils d'Alcmène,
Qui tout en feu s'assit entre les Dieux[4].

Jà mon esprit chatouillé de son mieux[5],
Dedans ma chair, rebelle[6] se promène,
Et jà le bois de sa victime amène
Pour s'enflammer aux rayons de tes yeux.

Ô saint brasier, ô feu chastement beau,
Las[7], brûle-moi d'un si chaste flambeau,
Qu'abandonnant ma dépouille connue,

Net, libre et nu[8], je vole d'un plein saut
Jusques au ciel pour adorer là-haut
L'autre beauté dont la tienne est venue[9].

Premier Livre des Amours :
Amours de Cassandre, sonnet 167

Les notes

1. Faites cela vers moi dont votre nom vous prie : faites pour moi ce dont votre nom vous prie.

2. Pour jamais : comme jamais, sans égal ; **démener** : éprouver, ressentir.

3. Col : cou.

4. Si faut-il bien aimer : il faut pourtant bien aimer.

5. Se propose/Une vie d'un Scythe : se propose de vivre comme un Scythe. Les Anciens considéraient les Scythes, peuple nomade d'Asie centrale, comme des barbares.

6. Qu'est-il rien de doux sans Vénus ? Existe-t-il quelque chose de doux sans Vénus ?

7. Las : hélas.

8. À l'heure/Que je n'aimerai point, puissé-je trépasser : dès que je n'aimerai plus, faites que je meure.

C'est dans ce sonnet que Marie entre en scène pour la première fois. Ronsard demande à sa muse campagnarde de l'aimer, puisque son prénom – l'anagramme d'aimer – y invite. Mais il lui parle aussi de rivales, introduisant ainsi le thème de la multiplicité des amours.

« Marie, qui voudrait votre beau nom tourner... »

Marie, qui voudrait votre beau nom tourner,
Il trouverait Aimer : aimez-moi donc, Marie,
Faites cela vers moi dont votre nom vous prie[1],
Votre amour ne se peut en meilleur lieu donner :

S'il vous plaît pour jamais un plaisir démener[2],
Aimez-moi, nous prendrons les plaisirs de la vie,
Pendus l'un l'autre au col[3], et jamais nulle envie
D'aimer en autre lieu ne nous pourra mener.

Si faut-il bien aimer[4] au monde quelque chose,
Celui qui n'aime point, celui-là se propose
Une vie d'un Scythe[5], et ses jours veut passer

Sans goûter la douceur des douceurs la meilleure.
Eh ! Qu'est-il rien de doux sans Vénus[6] ? Las[7] ! à l'heure
Que je n'aimerai point, puissé-je trépasser[8].

Second Livre des Amours. Continuation des Amours :
Amours de Marie, sonnet 7

Les notes

1. De toute autre part : du reste du monde.

2. Et fussiez-vous princesse : et même si vous étiez une princesse.

3. Avecque : avec.

4. Qu'il ne soit : qui ne soit.

5. Réponderez : répondrez ; **sourdaut** : diminutif de *sourd*.

6. Parler haut : parler fort.

7. Vous celez après : vous cachez ensuite, vous oubliez ensuite de dire.

8. Il baise : il embrasse ; **vermeille** : d'un rouge éclatant.

9. Propos : conversations.

Ronsard s'amuse de sa surdité qui, selon lui, facilite les rapports amoureux. Ici, pas de plaintes envers une dame froide et austère, mais un poète entreprenant qui se penche vers sa bien-aimée, non pour l'entendre (puisqu'il est sourd), mais pour l'embrasser ! Il n'oublie pas au passage d'évoquer l'immortalité de sa poésie.

« Bien que vous surpassiez en grâce et en richesse… »

Bien que vous surpassiez en grâce et en richesse
Celles de ce pays, et de toute autre part [1],
Vous ne devez pourtant, et fussiez-vous princesse [2],
Jamais vous repentir d'avoir aimé Ronsard.

C'est lui, Dame, qui peut avecque [3] son bel art,
Vous affranchir des ans, et vous faire Déesse :
Promettre il peut cela, car rien de lui ne part,
Qu'il ne soit [4] immortel, et le ciel le confesse.

Vous me réponderez qu'il est un peu sourdaut [5],
Et que c'est déplaisir en amour parler haut [6] :
Vous dites vérité, mais vous celez après [7],

Que lui, pour vous ouïr, s'approche à votre oreille,
Et qu'il baise à tous coups votre bouche vermeille [8]
Au milieu des propos [9], d'autant qu'il en est près.

Second Livre des Amours. Continuation des Amours :
Amours de Marie, sonnet 18

Les notes

1. Aubade : petit concert donné à l'*aube* sous les fenêtres de l'aimée pour accompagner agréablement son réveil.

2. Jà : déjà.

3. Frisquement jargonné : élégamment chanté dans sa langue.

4. Herbelette perleuse : herbe couverte de *perles* de rosée ; « herbelette » est le diminutif d'*herbe*.

5. Encor : encore ; **sillée** : les yeux fermés.

6. Ian : exclamation affirmative qui a le sens de « oui ».

7. Baiser : embrasser.

Sur un ton de reproche léger, le poète veut punir sa « Mignonne » (ici Marie, et non plus Cassandre) qui tarde à se réveiller pour l'accompagner au jardin. Oubliant le mépris du groupe de la Pléiade pour la poésie du Moyen Âge, Ronsard renouvelle le genre médiéval de l'aubade[1]*, « chant d'éveil » adressé à la femme aimée.*

« Mignonne, levez-vous, vous êtes paresseuse… »

Mignonne, levez-vous, vous êtes paresseuse,
Jà[2] la gaie Alouette au ciel a fredonné,
Et jà le Rossignol frisquement jargonné[3],
Dessus l'épine assis, sa complainte amoureuse.

Debout donc, allons voir l'herbelette perleuse[4],
Et votre beau Rosier de boutons couronné,
Et vos œillets aimés, auxquels avez donné
Hier au soir de l'eau, d'une main si soigneuse.

Hier en vous couchant, vous me fîtes promesse
D'être plus tôt que moi ce matin éveillée,
Mais le sommeil vous tient encor toute sillée[5] :

Ian[6], je vous punirai du péché de paresse,
Je vais baiser[7] cent fois votre œil, votre tétin,
Afin de vous apprendre à vous lever matin.

Second Livre des Amours. Continuation des Amours : Amours de Marie, sonnet 23

Les notes

1. Les Scythes, considérés comme sauvages et barbares par l'Occident à la Renaissance, vivaient dans les steppes au nord de la mer Noire. Voir aussi note 5, page 40.

2. D'honneur dévêtu : privé d'honneur, vertu essentielle pour un noble de l'époque de Ronsard.

3. Encor : encore.

4. Dépite : dépitée, fâchée.

5. Je suis bien assuré : je sais bien, je suis parfaitement conscient.

6. Vertu : au XVIe siècle, le mot possède un sens plus large qu'aujourd'hui, signifiant à la fois vertu, courage et valeur.

7. Me force de ce faire : me force à le faire.

8. M'incite : me pousse à t'aimer.

9. Ton penser te déçoit : ta pensée te trompe.

10. Tant s'en faut : encore moins.

11. Pasteur : berger. La déesse Vénus a en effet aimé le bel Adonis qui était berger.

Dans ce sonnet, Ronsard emploie le vers héroïque – l'alexandrin – pour exprimer les souffrances amoureuses. Pas de ton plaintif cependant, mais le rappel que l'amour se moque des races, des apparences physiques et des hiérarchies sociales. Et, plus malicieusement, le rappel que Marie la paysanne est aimée de lui, gentilhomme vendômois.

« Quand je serais un Turc, un Arabe, ou un Scythe... »

Quand je serais un Turc, un Arabe, ou un Scythe [1],
Pauvre, captif, malade, et d'honneur dévêtu [2],
Laid, vieillard, impotent, encor [3] ne devrais-tu
Être, comme tu es, envers moi si dépite [4]:

Je suis bien assuré [5] que mon cœur ne mérite
D'aimer en si bon lieu, mais ta seule vertu [6]
Me force de ce faire [7], et plus je suis battu
De ta fière rigueur, plus ta beauté m'incite [8].

Si tu penses trouver un serviteur qui soit
Digne de ta beauté, ton penser te déçoit [9],
Car un Dieu (tant s'en faut [10] un homme) n'en est digne.

Si tu veux donc aimer, il faut baisser ton cœur :
Ne sais-tu que Vénus (bien qu'elle fût divine)
Jadis pour son ami choisit bien un pasteur [11] ?

Second Livre des Amours. Continuation des Amours : Amours de Marie, sonnet 41

Les notes

1. Les fluides qui passent par les yeux : voir note 11 ci-dessous.

2. Calla : abaissa.

3. Je te prie que je tire : permets-moi de tirer.

4. Ret (rets) : filet. Aujourd'hui le mot prend un *s* ; **fait abîmer** : fait tomber.

5. Qui savait le feu qui vient d'aimer : qui connaissait les tourments de l'amour.

6. Amour : fils de Vénus ; **Téthys** : fille d'Ouranos (le Ciel) et de Gaia (la Terre), les dieux primordiaux à l'origine de l'Univers, elle est l'épouse et la sœur d'Océan. Elle incarne la fécondité marine.

7. Si quelque soin vous tient de votre empire : si vous vous souciez de votre empire.

8. Le chef : la tête.

9. Las : hélas ; **dit el'** : le [e] du pronom est élidé pour conserver les douze pieds de l'alexandrin ; **mon neveu** : comme Vénus est aussi fille d'Ouranos, son fils est le neveu de Téthys.

10. Feu : amour, passion.

11. Selon Platon, la vue provient de fluides invisibles, appelés « feux visuels » ou intérieurs, qui sortent du corps humain par les yeux. La poésie amoureuse de la Renaissance reprend cette théorie antique de la vision : des yeux surgissent les feux de l'amour.

Dans cette anecdote où le dieu Amour incendie la mer, Ronsard rend hommage au pouvoir de séduction de Marie. Ce court récit dialogué, fondé sur l'opposition entre l'eau et le feu, est un poème d'amour. Ce qui n'empêche pas Ronsard d'y mêler d'innombrables références à l'Antiquité, de Platon (pour les fluides qui passent par les yeux[1]) à la mythologie.

« Amour, voyant du Ciel un pêcheur sur la mer... »

Amour, voyant du Ciel un pêcheur sur la mer,
Calla[2] son aile bas sur le bord du navire,
Puis il dit au pêcheur : « Je te prie que je tire[3]
Ton ret, qu'au fond de l'eau le plomb fait abîmer[4]. »

Un dauphin, qui savait le feu qui vient d'aimer[5],
Voyant Amour sur l'eau, à Téthys[6] le va dire :
« Téthys, si quelque soin vous tient de votre empire[7],
Secourez-le, ou bientôt il est prêt d'enflammer. »

Téthys laissa de peur sa caverne profonde,
Haussa le chef[8] sur l'eau, et vit Amour sur l'onde
Qui pêchait à l'écart : « Las, dit el', mon neveu[9],

Ôtez-vous, ne brûlez mes ondes, je vous prie.
– N'ayez peur, dit Amour, car je n'ai plus de feu,
Tout le feu[10] que j'avais est aux yeux de Marie[11]. »

Second Livre des Amours. Continuation des Amours :
Amours de Marie, sonnet 63

Les notes

1. Le **service d'amour** fait référence à l'amour courtois où l'amant se soumet à la dame, comme le vassal se soumet à son seigneur.

2. Escarmouche (vocabulaire militaire) : combat court et localisé.

3. Son trait : sa flèche ; le sujet est toujours « ton œil ».

4. Si ne veux-je : pourtant je ne veux pas.

5. Ne : ni.

6. Ce m'est : c'est pour moi ; **trépasser** : mourir.

7. Qui passes de beauté : toi qui surpasses en beauté.

8. Soudard (vocabulaire militaire) : soldat ; **enseigne** : drapeau de sa troupe ; **foi** : fidélité, engagement.

9. Rochelle : la ville fortifiée de La Rochelle est protestante depuis 1546. Lors de la quatrième guerre de religion, en 1572, le roi Henri III mène pendant près de huit mois le siège de La Rochelle qui résiste vaillamment.

10. S'il te souvient : si tu te souviens.

11. Ce dernier vers est une maxime épicurienne du poète latin Lucrèce (Ier siècle av. J.-C.).

Voilà trois ans que le poète aime Marie et souffre de sa cruauté. Il ne cherche pourtant pas à fuir le service d'amour[1] : mourir pour celle qu'il aime le rendrait encore heureux ! Tels sont les motifs pétrarquistes de ce sonnet, auxquels Ronsard mêle une allusion aux guerres de religion (v. 11-12) et une maxime antique (v. 14). Le dialogue amoureux s'accompagne d'un dialogue du poète avec son temps et avec l'Antiquité.

« Bien que ton œil me fasse une dure escarmouche... »

Bien que ton œil me fasse une dure escarmouche[2],
Moi vaincu de sa flamme et lui toujours vainqueur ;
Bien que depuis trois ans sa cruelle rigueur
Me tienne prisonnier de ta beauté farouche ;

Bien que son trait[3] meurtrier jusqu'à l'âme me touche
Si ne veux-je[4] échapper de si douce langueur,
Ne[5] vivre sans avoir ton image en mon cœur,
Tes mains dedans ma plaie, et ton nom en ma bouche.

Ce m'est extrême honneur de trépasser[6] pour toi,
Qui passes de beauté[7] la beauté la plus belle.
Un soudard pour garder son enseigne et sa foi[8],

Meurt bien sur le rempart d'une forte Rochelle[9].
Je mourrai bienheureux s'il te souvient[10] de moi.
La mort n'est pas grand mal, c'est chose naturelle[11].

Second Livre des Amours. Continuation des Amours : Amours de Marie, sonnet 64 (version de 1578)

Les notes

1. Allusion au service d'amour du poète pour sa bien-aimée (voir note 1, p. 50).

2. Venin : poison ; **ma moüelle** : ma moelle, c'est-à-dire le plus profond de mon être.

3. Tressaut : tressaille.

4. Se sied (du verbe *se seoir*) : s'assoit, se tient.

5. Comme un fleuve se suit : coule le long de tout mon corps, comme un fleuve.

6. Tanseulement : seulement.

7. Te demandent merci : te demandent grâce, pitié.

Nouvelle forme et nouvelle inspiration pour la Nouvelle Continuation des Amours, *troisième recueil de poésies amoureuses de Ronsard: la chanson, plus souple et plus libre que le sonnet, permet d'exprimer la douleur en termes pétrarquistes, avec plus de légèreté qu'auparavant. Ronsard s'inspire des poésies latines de Michel Marulle (1458-1500) dans lesquelles le poète est heureux de subir la cruauté féminine, même si tout son corps en souffre et qu'il en devient muet.*

« Quand je te veux raconter mes douleurs... »

Quand je te veux raconter mes douleurs,
Et de quel feu, en te servant [1], je meurs,
Et quel venin dessèche ma moüelle [2],
Ma voix tremblote, et ma langue chancelle,
Mon cœur tressaut [3], et mon sang au-dedans
Est tout troublé de gros soupirs ardents;
Sur mes genoux se sied [4] une gelée,
Jusqu'aux talons une sueur salée
De tout mon corps comme un fleuve se suit [5],
Et sur mes yeux nage une obscure nuit:
Tanseulement [6] mes larmes abondantes
Sont les témoins de mes flammes ardentes,
De mon amour, et de ma foi aussi,
Qui sans parler te demandent merci [7].

Second Livre des Amours. Nouvelle Continuation des Amours (1556),
pièce 23, chanson (l'édition originale de 1556
étant perdue, nous reproduisons celle de 1557)

Les notes

1. Si tôt : aussitôt ; **quelque peu** : un peu.
2. Pendant les ailes bas : laissant pendre tes ailes.
3. Rustique : champêtre, simple ; **à ton gré** : à ta guise, selon ta volonté.
4. Un petit : un peu.
5. J'épands : je répands, je fais entendre.
6. Si te passé-je bien : pourtant, je te dépasse bien.
7. Sinon trois mois en l'an : que trois mois dans l'année.
8. Navré : blessé ; **servage** : soumission totale à la femme aimée.
9. Te point (verbe *poindre*) : te pique.

Le poète amoureux ne se sent plus en harmonie avec le rossignol (malheureux trois mois dans l'année, alors que lui l'est toujours, v. 10), connu pour son chant solitaire aux sonorités variées et harmonieuses. Il préfère même que l'oiseau, symbole habituel du poète, le laisse seul avec sa douleur et ses tourments.

« Si tôt que tu as bu quelque peu de rosée… »

Si tôt que tu as bu quelque peu [1] de rosée,
Soit de nuit, soit de jour, caché dans un buisson,
Pendant les ailes bas [2], tu dis une chanson
D'une note rustique à ton gré [3] composée.

Si tôt que j'ai ma vie un petit [4] arrosée
Des larmes de mes yeux, en la même façon
Couché dedans ce bois j'épands [5] un triste son,
Ainsi qu'à larmoyer mon âme est disposée.

Si te passé-je bien [6], d'autant que tu ne pleures
Sinon trois mois en l'an [7], et moi à toutes heures,
Navré d'une beauté qui me tient en servage [8].

Mais hélas, Rossignol, ou bien à mes chansons
(Si quelque amour te point [9]) accorde tes doux sons,
Ou laisse-moi tout seul pleurer en ce bocage.

Second Livre des Amours.
Nouvelle Continuation des Amours, sonnet 28

Les notes

1. Élégiaque : d'*élégie*, poème qui exprime la méditation mélancolique du poète sur les peines de l'amour et la fuite du temps.

2. Éloge funèbre : discours célébrant quelqu'un au moment de sa mort.

3. Dans la mythologie antique, Éos, l'Aurore, pleure la mort de son fils Memnon, tué par Achille pendant la guerre de Troie.

4. Ardeur : chaleur.

5. Déclose : ouverte.

6. La Parque : dans la mythologie, les Parques sont trois divinités qui président au destin des hommes. Inflexibles, elles mesurent la vie de chacun à l'aide d'un brin de laine : Clotho le file, Lachésis le dévide et Atropos le coupe.

7. Obsèques : offrandes accompagnant le mort. Dans la Grèce ancienne, on faisait des offrandes aux morts et leurs tombes étaient fleuries de roses.

Ce poème est extrait des sonnets Sur la mort de Marie, *rassemblés dans la seconde partie du* Second Livre des Amours *publié dans l'édition des* Œuvres *de Ronsard en 1578. À la demande du roi Henri III, il est composé pour Marie de Clèves, épouse d'Henri de Bourbon, prince de Condé, et maîtresse du roi, morte en couches en 1574, à 21 ans.*
Dans ce sonnet élégiaque[1] où Ronsard rend hommage à Marie de Clèves, la rose sert un éloge funèbre[2] et une offrande poétique sur le tombeau de la jeune morte qui en rappelle une autre : Marie Dupin, morte jeune elle aussi, en 1573.

« Comme on voit sur la branche au mois de mai la rose… »

Comme on voit sur la branche au mois de mai la rose,
En sa belle jeunesse, en sa première fleur,
Rendre le ciel jaloux de sa vive couleur,
Quand l'Aube de ses pleurs au point du jour l'arrose[3] ;

La grâce dans sa feuille, et l'amour se repose,
Embaumant les jardins et les arbres d'odeur ;
Mais battue ou de pluie, ou d'excessive ardeur[4],
Languissante elle meurt, feuille à feuille déclose[5].

Ainsi en ta première et jeune nouveauté,
Quand la Terre et le Ciel honoraient ta beauté,
La Parque[6] t'a tuée, et cendre tu reposes.

Pour obsèques[7] reçois mes larmes et mes pleurs,
Ce vase plein de lait, ce panier plein de fleurs,
Afin que vif et mort ton corps ne soit que roses.

Second Livre des Amours,
Sur la mort de Marie, sonnet 4

3 QUESTIONS POUR VOUS GUIDER

Page 33

« Comme un chevreuil, quand le printemps détruit… »

1 Sur quoi se fonde le rapprochement entre le chevreuil et le poète ?

- Dans les quatrains, la comparaison est fondée sur le **sentiment d'insouciance et la liberté de mouvement**, communs au poète et au **chevreuil.**
- Les tercets développent le **motif commun de la victime imprudente** : tous deux deviennent les cibles des flèches du chasseur ou de la femme.
- La pointe du sonnet réalise la **métamorphose du poète en animal** abattu après la scène d'***innamoramento*** qu'il n'a pas su éviter.

2 Comment la nature est-elle représentée ?

- Ronsard **inverse** l'image pétrarquiste du paysage printanier comme motif de la reverdie, du renouveau positif qui suit l'hiver. Ici, **le printemps apporte la mort**.
- La **nature** est **en mouvement** : le cycle des saisons (du printemps à l'hiver), les rivières qui coulent (« l'onde », v. 7). Elle incarne la **liberté.**
- Ronsard souligne aussi sa **variété** (monts et vallées) **et** sa **générosité** : elle est **abondante et luxuriante** (« feuille emmiellée », v. 3).

3 Quels types d'émotions ce sonnet cherche-t-il à provoquer ?

- Dans ce **sonnet descriptif**, Ronsard cherche à **toucher son lecteur** et non sa dame, réduite à la synecdoque « un œil » (v. 13).
- Le sonnet est construit sur un **contraste** entre quatrains à l'atmosphère sereine, et tercets centrés sur la chasse. Un **effet de surprise** est créé par le *concetto* : la mort du poète est **inattendue.**
- Ronsard se présente en **martyr**, ce que symbolise souvent le chevreuil. Il suscite ainsi le **pathétique** chez le lecteur.

DÉFINITION CLÉ

Les images en poésie

- La **comparaison** rapproche un **comparant** et un **comparé** à l'aide d'un outil grammatical *(comme, semblable à, tel)*.
- La **métaphore** les rapproche implicitement, sans mot outil. La **métaphore filée** déploie, sur plusieurs lignes ou plusieurs vers, plusieurs termes caractérisant la même image.
- L'**allégorie** est un tableau, une histoire, un objet qui représente une **idée abstraite**. C'est une métaphore particulière, plus détaillée.

« Mignonne, levez-vous, vous êtes paresseuse… »

1 Comment Ronsard renouvelle-t-il la poésie courtoise ?

• L'**aube** médiévale traite du moment de la séparation amoureuse ou du rendez-vous. L'**aubade**, le chant d'éveil, est ici détournée par le reproche amusé.
• La **paresse** est l'un des sept péchés capitaux : traitée ici avec légèreté, elle est **dédramatisée**, et même sujet de plaisanterie.
• Ronsard reprend le *topos* (cliché) poétique de la **belle matineuse** (la femme aimée est, au réveil, plus belle que l'Aurore) en faisant de Marie une belle dormeuse, plus accessible.

2 Quel est le style adopté par Ronsard ?

• On parle de **style mignard** pour désigner le goût du diminutif (v. 5), de l'hyperbole (v. 13), de l'adverbe recherché (v. 3) et de l'image raffinée (v. 5).
• Ce sonnet est rendu **intime** par l'adresse directe à Marie et la profusion d'impératifs amoureux. Pas de véritable reproche ici, mais de la **taquinerie et** une grande **proximité** (v. 9-10).
• La **musicalité** et le **rythme** scandé par des **répétitions** (« Jà, et, hier ») font ressortir la **dimension affective et** la **tendresse** dans l'expression de l'amour.

3 Quel est le rôle de la nature dans ce sonnet ?

• La présence d'une **nature joyeuse**, domestiquée ou non, passe par l'**évocation d'oiseaux** connus pour leur chant mélodieux, et **des fleurs du jardin** de Marie.
• Ronsard souligne le **lien fort entre la nature et Marie** à la « main si soigneuse » (v. 8).
• **Il coupe le lien entre la femme et le cosmos** : Marie est ancrée dans un nid de nature, elle ne rivalise pas avec l'Aurore.

DÉFINITION CLÉ

Le mètre

• Le mètre est la **mesure du vers** déterminée par le **nombre de syllabes** du vers : douze syllabes forment un **alexandrin** ; dix syllabes, un **décasyllabe** ; huit syllabes, un **octosyllabe** ; sept syllabes, un **heptasyllabe**.

• L'**alexandrin** est constitué de deux groupes de six syllabes appelés **hémistiches**. Les deux hémistiches sont séparés par une **césure**.

• Dans la métrique française, on ne parle pas de pieds (comme en anglais, en latin), mais de **syllabes**.

Les notes

1. Épitaphe : inscription élogieuse gravée sur un tombeau pour rappeler le souvenir d'une personne morte.

2. Ci : ici. Marie de Clèves fut enterrée à l'abbaye de Saint-Germain-des-Prés, à Paris.

3. Marie de Clèves vivait à Paris, à la cour de Henri d'Anjou, sacré roi sous le nom d'Henri III en 1575.

4. Au plus vert de mes mois : au temps de ma jeunesse (l'adjectif *vert* signifie « qui a de la vigueur »).

5. Se paissent : se repaissent, se nourrissent.

6. Sans seconde : sans rivale.

7. Vive : vivante ; **ennui** : au sens fort d'accablement, de désespoir.

À partir de 1578, Ronsard donne le nom de ses inspiratrices dès le titre de ses recueils. Ce sonnet inscrit celui de Marie dans l'éternité, comme une épitaphe[1] sur une pierre tombale. Le poète parvient en effet, au-delà de la mélancolie éprouvée, à réunir le monde des morts et celui des vivants, quitte à inverser les places : Marie vit, le poète est mort.

« Épitaphe de Marie »

Ci [2] reposent les os de toi, belle Marie,
Qui me fis pour Anjou [3] quitter le Vendômois,
Qui m'échauffas le sang au plus vert de mes mois [4],
Qui fus toute mon cœur, mon sang, et mon envie.

En la tombe repose honneur et courtoisie,
La vertu, la beauté, qu'en l'âme je sentais,
La grâce et les amours qu'aux regards tu portais,
Tels qu'ils eussent d'un mort ressuscité la vie.

Tu es belle Marie, un bel astre des cieux :
Les Anges tous ravis se paissent [5] de tes yeux,
La terre te regrette. Ô beauté sans seconde [6] !

Maintenant tu es vive, et je suis mort d'ennui [7].
Ah, siècle malheureux ! malheureux est celui
Qui s'abuse d'Amour, et qui se fie au Monde.

Second Livre des Amours,
Sur la mort de Marie, Épitaphe de Marie, sonnet 13

Les notes

1. Ce poème et ceux qui suivent sont parus en 1578 dans la cinquième édition des *Œuvres* de Ronsard. Les *Sonnets pour Hélène* n'ont donc pas eu l'honneur d'une publication séparée : Ronsard vieillissant y défie pourtant toute la jeune génération qui renoue avec la poésie de cour. Les deux livres, respectivement composés de 64 et 77 pièces poétiques, cultivent la gloire de Ronsard, qui ne manque pas une occasion de se mettre en valeur.

2. Topos : lieu commun, sujet qui revient souvent dans le discours, à la manière d'un cliché.

3. Le : au.

4. Nuit : du verbe *nuire*, « causer une souffrance ».

5. Crier merci : demander grâce, implorer la pitié ; **éconduit** : du verbe *éconduire*, « repousser ».

6. Parlant à vous : quand je vous parle.

7. Allusion à la fureur amoureuse dans la théorie antique. Voir note 4, p. 26.

Ce court poème[1] au lyrisme élégiaque condense les émotions de l'amour – et le long désarroi qui l'accompagne – en images, ici pétrarquistes. On y retrouve en effet le topos[2] du mal d'amour face à la dame inaccessible. Ainsi, à défaut de pouvoir parler, l'amoureux désespéré écrit, car la poésie reste sa seule arme et le seul « moyen de [lui] plaire » (v. 2).

« Si c'est aimer, Madame, et de jour et de nuit… »

Si c'est aimer, Madame, et de jour et de nuit
Rêver, songer, penser le[3] moyen de vous plaire,
Oublier toute chose, et ne vouloir rien faire
Qu'adorer et servir la beauté qui me nuit[4] ;

Si c'est aimer de suivre un bonheur qui me fuit,
De me perdre moi-même et d'être solitaire,
Souffrir beaucoup de mal, beaucoup craindre, et me taire
Pleurer, crier merci, et m'en voir éconduit[5] ;

Si c'est aimer de vivre en vous plus qu'en moi-même,
Cacher d'un front joyeux une langueur extrême,
Sentir au fond de l'âme un combat inégal,
Chaud, froid, comme la fièvre amoureuse me traite,
Honteux, parlant à vous[6], de confesser mon mal ;

Si cela c'est aimer, furieux[7] je vous aime,
Je vous aime, et sais bien que mon mal est fatal :
Le cœur le dit assez, mais la langue est muette.

Sonnets pour Hélène, premier livre, madrigal

Les notes

1. Platon raconte qu'à l'origine, l'humanité était constituée d'androgynes, êtres ronds à deux corps, à quatre bras et quatre jambes, avec deux visages opposés tenant à une seule tête. Ils se révoltèrent contre Zeus, mais ce dernier les punit en les séparant en deux corps, qui portent désormais des endroits percés. Depuis, chaque être recherche sa moitié : c'est ce que nous appelons l'amour !

2. Philippe Desportes (1546-1606) : abbé courtisan et poète officiel du roi Henri III, rival de Ronsard à la cour, il est l'auteur de sonnets, de chansons, d'*Élégies*.

3. De tiers : ni un tiers.

4. Amitié : sens fort d'union fusionnelle, d'amour. Allusion au mythe platonicien de l'androgyne.

5. Ici, le désir amoureux.

6. Désir d'un nœud ferme : désir d'un attachement solide.

7. Je m'essencie (du verbe *essencier*) **en la personne aimée** : je m'identifie à la personne aimée, je me reconnais dans la personne aimée ; idée d'une fusion amoureuse.

8. L'autre amitié : l'amour peu sincère, celui des courtisans.

9. Le feu contrefait : la passion, l'amour feint, que l'on fait semblant de ressentir.

IMAGE 3 • École vénitienne, ***Pétrarque et Laure de Sade*** (vers 1510)
→ PRÉSENTATION ET LECTURE DE L'IMAGE p. **123**

IMAGE 4 • ***Ronsard et Cassandre***, gravure sur bois, extraite d'une édition des *Œuvres* de Ronssard (1609) → PRÉSENTATION ET LECTURE DE L'IMAGE p. **123**

IMAGE 5 • Jean Cousin, dit le Père, ***Eva Prima Pandora*** (vers 1550)

→ PRÉSENTATION ET LECTURE DE L'IMAGE p. 123

IMAGE 6 • École de Fontainebleau, ***Diane chasseresse*** (milieu du XVIe siècle)
→ PRÉSENTATION p. 121

IMAGE 7 • Man Ray, ***Le Violon d'Ingres***, 1924
→ PRÉSENTATION p. 113

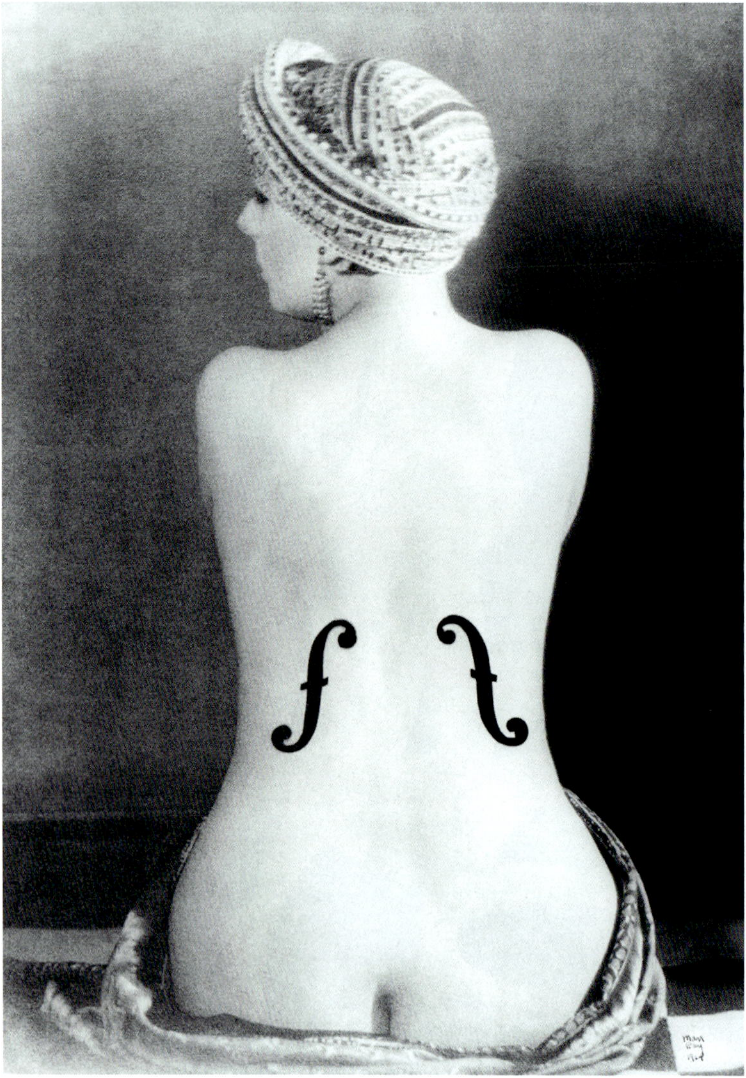

Dans ce sonnet de la fusion amoureuse, Ronsard reprend le beau mythe antique de l'androgyne[1] pour nous offrir une définition exigeante de l'amour véritable, qui est un amour fou. Et si cette définition était une façon indirecte de caractériser la haute poésie, « chose extrême » elle aussi, bien éloignée de la poésie de cour facile d'un Desportes[2] ?

« Amour est sans milieu, c'est une chose extrême... »

Amour est sans milieu, c'est une chose extrême
Qui ne veut (je le sais) de tiers[3], ni de moitié :
Il ne faut point trancher en deux une amitié[4].
Un est un nombre parfait, imparfait le deuxième.

J'aime de tout mon cœur, je veux aussi qu'on m'aime.
Le désir[5] au désir d'un nœud ferme[6] lié
Par le temps ne s'oublie, et n'est point oublié :
Il est toujours son tout, contenté de soi-même.

Mon ombre me fait peur, et jaloux je ne puis
Avoir un compagnon, tant amoureux je suis,
Et tant je m'essentie[7] en la personne aimée.

L'autre amitié[8] ressemble à quelque vent qui court :
Et vraiment c'est aimer comme on fait à la Cour,
Où le feu contrefait[9] ne rend qu'une fumée.

Sonnets pour Hélène, premier livre, sonnet 56

Les notes

1. Muse : inspiratrice.

2. La **parfaite amitié** est celle des vertueux. Elle renvoie à la fusion amoureuse qui caractérise ce recueil dédié à Hélène, tandis que dans les *Amours* et la *Continuation des Amours*, le poète s'adresse à ses muses.

3. Comme : alors que.

4. Afin que d'âge en âge à nos neveux arrive : afin que d'âge en âge à nos descendants (« neveux ») parvienne par la poésie l'idée que…

5. Sempervive (du latin *semper vivens*, « qui vit toujours ») : immortelle, fleur qui aurait le pouvoir de rendre l'amour durable. Ronsard, dans ce geste rituel du don de la sempervive, offre un bouquet de poèmes à Hélène et lui promet l'immortalité.

6. Docte soin : sage souci, mais aussi poésie savante ; **gentil** : à la Renaissance, cet adjectif désigne le noble de naissance.

7. Ensuivre : suivre.

8. Il s'agit de Laure de Noves, chantée par Pétrarque dans le *Canzoniere*.

Hélène paraît oubliée dans ce sonnet : Ronsard y mentionne son propre nom (v. 2) et celui de Laure, la muse[1] de Pétrarque, son rival de toujours (v. 13). C'est là une manière subtile de se placer au-dessus des jeunes poètes de la cour de France, tout en glorifiant sa propre puissance poétique, seule capable de rendre sa dame immortelle.

« Afin qu'à tout jamais de siècle en siècle vive… »

Afin qu'à tout jamais de siècle en siècle vive
La parfaite amitié[2] que Ronsard vous portait,
Comme[3] votre beauté la raison lui ôtait,
Comme vous enchaînez sa liberté captive ;

Afin que d'âge en âge à nos neveux arrive[4]
Que toute dans mon sang votre figure était,
Et que rien sinon vous mon cœur ne souhaitait,
Je vous fais un présent de cette Sempervive[5].

Elle vit longuement en sa jeune verdeur.
Longtemps après la mort je vous ferai revivre,
Tant peut le docte soin d'un gentil[6] serviteur,

Qui veut en vous servant toutes vertus ensuivre[7].
Vous vivrez (croyez-moi) comme Laure[8] en grandeur,
Au moins tant que vivront les plumes et le livre.

Sonnets pour Hélène, second livre, sonnet 2

Les notes

1. En servage : allusion au service d'amour (voir note 1, p. 50).

2. Ores : maintenant.

3. Dont : de ce dont ; **est marrie** : est désolée.

4. Pour : à cause de.

5. La Parque ourdit ma vie : dans la mythologie, les trois Parques président au destin des hommes en filant, dévidant et coupant le fil de leur vie (voir note 6, p. 56) ; **ourdit** (du verbe *ourdir*) : tisse.

6. En Automne : au sens figuré de l'automne de sa vie, de sa vieillesse.

7. Et ores que je dusse être exempt du harnois : alors que maintenant j'aurais dû ne plus porter l'armure (sens, à l'époque, du mot « harnois [harnais] »).

8. Mon Colonel : désigne le dieu Amour, représenté avec son carquois. Le vocabulaire militaire renvoie au pétrarquisme ; **carquois** : étui à flèches.

9. R'assiéger : assiéger de nouveau.

10. Ilion : la cité de Troie dans la mythologie grecque. Ce lieu renvoie à la légendaire guerre de Troie où s'affrontent Grecs et Troyens après que Pâris, fou de désir, a enlevé la belle Hélène de Sparte à son époux Ménélas. Homère en fait le récit dans son épopée l'*Iliade* (VIIIe siècle av. J.-C.).

11. Hélène de Surgères, par son prénom, rappelle l'héroïne grecque, objet de la guerre de Troie, et le poète qui la chante rappelle Homère. Cette fois, Ronsard se mesure à Homère, synonyme pour lui d'excellence poétique. Encore une façon de se placer au rang des meilleurs poètes !

Ronsard rappelle ici ses sonnets si brillants, écrits pour Cassandre et Marie, offrant une sorte de panorama complet de sa poésie amoureuse. Car Ronsard est un poète de l'amour, pas un poète amoureux.

« Adieu belle Cassandre, et vous belle Marie... »

Adieu belle Cassandre, et vous belle Marie,
Pour qui je fus trois ans en servage [1] à Bourgueil :
L'une vit, l'autre est morte, et ores [2] de son œil
Le Ciel se réjouit dont la terre est marrie [3].

Sur mon premier avril, d'une amoureuse envie
J'adorai vos beautés : mais votre fier orgueil
Ne s'amollit jamais pour [4] larmes ni pour deuil,
Tant d'une gauche main la Parque ourdit ma vie [5].

Maintenant en Automne [6] encore malheureux,
Je vis comme au Printemps de nature amoureux,
Afin que tout mon âge aille au gré de la peine.

Et ores que je dusse être exempt du harnois [7],
Mon Colonel m'envoie à grands coups de carquois [8]
R'assiéger [9] Ilion [10] pour conquérir Hélène [11].

Sonnets pour Hélène, second livre, sonnet 10

Les notes

1. ***Memento mori*** : expression latine signifiant « souviens-toi que tu vas mourir », rappelant à l'homme sa condition de mortel ; **vanité** : peinture (le plus souvent nature morte) dont le sujet est inspiré par l'idée de la mort, où, sous forme de squelette ou de crâne, la mort s'oppose aux symboles de la grandeur, des plaisirs, de la légèreté et du temps qui passe caractérisant la vie humaine.

2. Oyant : participe présent du vieux verbe *ouïr*, « entendre ».

3. Le bruit : la réputation, la renommée.

4. Par les ombres myrteux : à l'ombre des *myrtes*, arbustes toujours verts des régions méditerranéennes. Dans la mythologie, le bois de myrtes aux Enfers est le lieu où séjournent les amants.

5. Thème épicurien du *carpe diem* (« cueille le jour »), souvent repris par Ronsard, comme dans l'« Ode à Cassandre » (voir ci-dessus, p. 21).

Ce sonnet offre une variation sur le carpe diem, *c'est-à-dire l'invitation à aimer au présent – thème cher à Ronsard – pour échapper aux regrets de la vieillesse. De l'« Ode à Cassandre » à ce sonnet plus explicite, et cruel pour Hélène, Ronsard chante toujours l'immortalité de son art, par-delà l'évocation des ravages du temps qui passe. Il invite ainsi à réfléchir sur la mort, à la manière d'un* memento mori *ou d'une vanité*[1].

« Quand vous serez bien vieille, au soir à la chandelle... »

Quand vous serez bien vieille, au soir à la chandelle,
Assise auprès du feu, dévidant et filant,
Direz chantant mes vers, en vous émerveillant :
« Ronsard me célébrait du temps que j'étais belle. »

Lors, vous n'aurez servante oyant[2] telle nouvelle,
Déjà sous le labeur à demi sommeillant,
Qui au bruit[3] de mon nom ne s'aille réveillant,
Bénissant votre nom de louange immortelle.

Je serai sous la terre et fantôme sans os
Par les ombres myrteux[4] je prendrai mon repos :
Vous serez au foyer une vieille accroupie,

Regrettant mon amour et votre fier dédain.
Vivez, si m'en croyez, n'attendez à demain :
Cueillez dès aujourd'hui les roses de la vie[5].

Sonnets pour Hélène, second livre, sonnet 43

Page 57

« Comme on voit sur la branche au mois de mai la rose… »

1 Quelles sont les images qui évoquent Marie ?

• Dans ce sonnet, c'est la **nature** qui, par le champ lexical de la fleur, permet l'éloge de Marie. La nature est valorisée par sa **personnification**.
• **La rose se caractérise par la jeunesse et l'éclat** grâce au lexique hyperbolique et laudatif.
• Elle est la **métaphore de la beauté de Marie** comme le souligne le parallélisme entre le premier quatrain et le premier tercet. L'éloge se fonde sur la **comparaison** (« Comme », v. 1 ; « Ainsi », v. 9), **transformée en métamorphose de la femme en rose dans la pointe**.

2 De quelle manière la mort de Marie est-elle évoquée ?

• Par un **éloge funèbre brusque** que le **contraste** entre les deux premiers quatrains souligne. L'adversatif « Mais » (v. 7) marque cette **rupture** et l'**agressivité** contenue dans « battue » souligne l'**impuissance face à la mort**.
• Ronsard ménage le **passage de la mort lente de la rose** (v. 8) **à la mort abrupte de Marie** (v. 11), rendue par les **allitérations**.
• Mais ce n'est **pas une mort violente** : la douceur de l'euphémisme « tu reposes » (v. 11) souligne un **apaisement**.

3 Comment Ronsard transfigure-t-il la mort ?

• Ronsard exprime la douleur du deuil par un **registre lyrique et pathétique**.
• Il souligne aussi le **lien fort entre la vie et la mort**, pour suggérer le **renouveau**. La **double connotation** du verbe ***embaumer*** (« Embaumant », v. 6), à la fois parfumer et envelopper un mort, crée l'**idée de cycle**, que mime la **circularité du sonnet** (mêmes rimes entre le premier quatrain et le second tercet).
• Marie est immortalisée par la poésie qui **esthétise la mort**, effaçant son tragique par la **métaphore filée de la rose** et la musicalité. L'**harmonie simple** du sonnet le rend **facile à mémoriser**, pour l'éternité.

DÉFINITION CLÉ

Les sonorités dans le vers

• Une **allitération** est la répétition d'un son consonne identique.

• Une **assonance** est la répétition d'un son voyelle identique.

• L'assonance et l'allitération sont souvent employées pour produire un effet d'**harmonie imitative**, répétition de sonorités qui suggère des impressions ou des sons réels.

Page 71

« Quand vous serez bien vieille, au soir à la chandelle »

1

En quoi la stratégie de séduction du poète est-elle paradoxale ?

- Vouloir séduire par un **adjectif élogieux au passé** (v. 4) et **l'anticipation des regrets** (v. 12) relève d'une **stratégie ambiguë** : le poète, impatient, veut convaincre sa dame d'accepter son amour par **crainte des regrets**.
- Dans ce sonnet célèbre, Ronsard s'adresse à Hélène, mais c'est **lui-même qu'il glorifie** (nombreuses marques de la 1re personne : « *mes* vers, Ronsard, *mon* nom, *je* serai, *je* prendrai, *mon* amour »).
- La **description cruelle de la vieillesse** d'Hélène offre à voir une **vanité**, tableau qui invite à **méditer sur la fragilité de la vie**.

2

Comment s'exprime la morale épicurienne dans ce sonnet ?

- À travers le moment décrit, le soir, **symbole de la fin de la vie et de l'imminence de la mort**, se lit le **topos** de la fuite du temps. Le **message moral fort** souligne la brièveté de la vie et de la beauté.
- L'**injonction finale du *carpe diem*** (v. 14) explicite la morale épicurienne. Elle renvoie aussi à l'« Ode à Cassandre » : **cette autocitation valorise la puissance du poète**.
- Ce sonnet argumentatif est **rigoureusement construit** en trois étapes : la morne vieillesse d'Hélène, le parallèle entre sa situation et celle du poète, la chute finale. C'est une **provocation argumentée**.

3

Que célèbre véritablement Ronsard ?

- Dans un ***memento mori***, un sonnet qui rappelle la proximité de la mort et la nécessité de sauver son âme, Ronsard fait l'**éloge de la beauté féminine** pourtant éphémère.
- Il célèbre le souvenir de la femme aimée qu'il rend « **immortelle** » (v. 8).
- L'immortalité poétique reste le thème clé souligné par le **champ lexical de la poésie** et l'**autocélébration du poète** qui oppose au « fier dédain » de la femme son orgueil poétique.

DÉFINITION CLÉ

Enjambement, rejet, contre-rejet

- Quand la syntaxe ne suit pas le rythme du vers, se crée un décalage appelé **enjambement**.
- Le **rejet** porte sur un mot nécessaire à la compréhension du sens, rejeté au vers suivant.
- Le **contre-rejet** porte sur un mot rejeté au vers précédent.

Anthologie sur

La poésie amoureuse

Parler d'amour en poésie, ce n'est pas répéter *« Je t'aime »* après tant d'autres. Fort heureusement, la force du désir permet d'échapper à la niaiserie amoureuse, et la douce rêverie qui paralyse parfois les amoureux peut devenir un geste politique. Ainsi, lorsque Du Bellay accole *L'Olive*, son recueil de sonnets amoureux, à la *Défense et Illustration de la langue française* en 1549, il chante la puissance de la France, du roi et de sa langue, à travers la poésie d'amour.

Cette anthologie voudrait montrer comment, depuis le début de la littérature, les clichés forcément attachés à l'amour sont sans cesse transformés et renouvelés par la puissance de la parole poétique. Dire l'amour en vers, parfois dans une forme fixe très contraignante, suscite l'inventivité des moyens poétiques. Car si les scénarios entre amoureux sont toujours un peu les mêmes, si les sentiments éprouvés se répètent de siècle en siècle, les mots pour le dire changent incessamment et peuvent même être inventés pour l'occasion.

Enfin, cette anthologie permet aussi de se confronter à l'étrangeté d'une parole désormais lointaine pour nous, celle de Pétrarque, venue de la Renaissance italienne, et pourtant d'être saisi par sa proximité, son dialogue avec les poèmes modernes. Et avec notre cœur de lecteur.

Les poèmes qui suivent reprennent donc des motifs très anciens, quoique toujours renouvelés, autour de trois thèmes amoureux récurrents :

– les tourments de la passion amoureuse, à travers les poèmes de Pétrarque (→TEXTE 1), Louise Labé (→TEXTE 2), Marceline Desbordes-Valmore (→TEXTE 3) et Guillaume Apollinaire (→TEXTE 4) ;

– l'amour des femmes et l'amour de la vie, parce que l'amour peut aussi être heureux, chez Maurice Scève (→TEXTE 5), Victor Hugo (→TEXTE 6), Paul Éluard (→TEXTE 7) et Louis Aragon (→TEXTE 8) ;

– l'invitation à aimer au présent – la vie étant trop courte pour se priver d'aimer –, à travers les œuvres de Clément Marot (→TEXTE 9), Pierre Corneille (→TEXTE 10), Charles Baudelaire (→TEXTE 12) et Serge Gainsbourg (Prolongement en musique, voir p. 96).

LES TOURMENTS DE LA PASSION AMOUREUSE

Depuis la Renaissance italienne au XIVe siècle, l'un des principaux thèmes de la poésie amoureuse est celui de la passion malheureuse. On le trouve dès l'Antiquité, puis au Moyen-Âge avec l'amour courtois, caractérisé par la soumission totale de l'amant à sa dame, idéalisée et à jamais inaccessible.

L'humaniste Pétrarque donne aux tourments amoureux une forme poétique fixe durable, le sonnet, et rassemble en recueil un ensemble de poèmes sur les malheurs d'aimer, du moment magique de la rencontre (l'*innamoramento* ou coup de foudre) à la mort de l'aimée, sans qu'une caresse ait jamais été échangée.

L'expression des tourments intérieurs, faits de sentiments contradictoires, tournés tantôt vers la vie et l'amour (*Éros*), tantôt vers la mort (*Thanatos*), prime sur l'amour. Parler d'amour est plus important aux yeux des poètes qu'aimer : les maux deviennent délicieux dès que l'on peut en faire des poèmes. Ainsi, sentiment d'abandon ou même désir de mourir sont prétextes à des recherches esthétiques. Un vocabulaire simple, enrichi par des figures rhétoriques : métaphores, antithèses, hyperboles et répétitions orchestrent la scène de la douleur amoureuse qui atteste qu'il y a eu, un jour, un amour fou.

Pétrarque, l'inventeur du recueil de sonnets amoureux

Pétrarque écrit le premier recueil de poésies amoureuses, dont toutes sont adressées à une seule femme : le Canzoniere *rassemble 366 sonnets à l'origine de la langue italienne moderne. Tous les poètes du* XVI*e siècle chercheront à rivaliser avec lui.*

Ses sonnets célèbrent Laure de Noves, une jeune fille entrevue quelques instants, mais éternellement et chastement aimée. Le Canzoniere *constitue un immense réservoir d'images et de figures de style : la blondeur de la chevelure, le coup de foudre au premier regard, la cruauté de la femme... Même si l'on ne connaît pas les vers de Pétrarque, son idéal de la beauté féminine et de l'amour nous influence encore.*

Le pétrarquisme

Le pétrarquisme est une manière d'aimer, d'un amour qui suppose la soumission de l'amant, pourtant impatient, à la femme cruelle et capricieuse. Mais il est surtout un style (on parle du *dolce stil nuovo*, le « doux style nouveau ») et une écriture qui privilégie l'antithèse (le *dissidio* pétrarquien), la métaphore et l'hyperbole.

Texte 1

PÉTRARQUE (1304-1374)

Canzoniere (1336), sonnet 51

Voici un sonnet de Pétrarque, tel que Ronsard a pu le lire dans la première traduction française de Vasquin Philieul en 1555. L'accumulation des antithèses (rapprochements de deux idées opposées), souvent reprise par Ronsard et le groupe de poètes de la Pléiade, permet d'exprimer les émois de l'amour jusqu'à nos jours.

Paix je ne trouve, et n'ai dont[1] faire guerre,
J'espère et crains, et brûlant suis en glace,
Rien je n'étreins[2], et tout le monde embrasse,
Je vole au ciel, et suis croupant en terre[3].

---

1. N'ai dont : je n'ai pas de quoi.

2. Je n'étreins : je ne serre dans mes bras (verbe *étreindre*).

3. Suis croupant en terre : je rampe sur la terre.

En prison m'a tel, qui n'ouvre ni serre[1],
Ni me retient pour sien, ne me délace[2],
D'amour je vis, et point ne me fait grâce,
Et ne me tue, encore moins desserre[3].

Sans yeux je vois, et sans langue je crie,
Je quiers[4] secours, et de mourir je prie,
Un autre j'aime, et à moi je veux mal[5].

Je ris en pleurs, et deuil repaît mon âme,
Et vie et mort me fâchent par égal[6] :
Voilà l'état où je suis pour vous, ma dame.

■ Louise Labé, la grande poétesse de l'amour

Louise Labé tient un salon littéraire à Lyon, où elle reçoit humanistes[7] *et écrivains de renom. Elle est l'une des poétesses de l'amour du groupe de l'école lyonnaise à la Renaissance, avec Pernette du Guillet. Grâce à elles, la gloire intellectuelle des femmes s'affirme tout autant que leur désir. Louise reste cependant la première à formuler vigoureusement dans ses* Élégies *une défense des femmes « autrices », comme on disait au XVIe siècle, en les invitant à « élever un peu leur esprit par-dessus leurs quenouilles et fuseaux*[8] *».*

1. En prison m'a tel, qui n'ouvre ni serre : quelqu'un m'a mis dans une prison qu'il n'ouvre, ni ne ferme.

2. Délace : détache les liens.

3. Et ne me tue, encore moins desserre : [l'amour] ne me tue ni ne m'ôte mes fers.

4. Je quiers : je demande, je cherche (verbe *quérir*).

5. Je veux mal : je veux du mal.

6. Par égal : également.

7. Humanistes : partisans de l'*humanisme*, mouvement intellectuel de la Renaissance caractérisé par le retour à la culture antique et la foi en l'homme.

8. Quenouilles et fuseaux : petits instruments en bois avec lesquels les femmes filaient.

Texte 2

LOUISE LABÉ (v. 1524-1566)

Œuvres (1555), sonnet 8

Dans ce sonnet tout en antithèses, Louise Labé exprime les tourments du désir féminin en obligeant à un renversement des regards : désormais, la femme souffre de la cruauté de son amant. Par l'écriture et l'expression de son désir, Louise Labé révolutionne la place traditionnellement réservée aux femmes.

Je vis, je meurs : je me brûle et me noie.
J'ai chaud extrême en endurant froidure[1],
La vie m'est et trop molle et trop dure.
J'ai grands ennuis[2] entremêlés de joie :

Tout à un coup je ris et je larmoie,
Et en plaisir maint grief tourment j'endure[3],
Mon bien s'en va, et à jamais il dure :
Tout en un coup je sèche et je verdoie.

Ainsi Amour inconstamment me mène,
Et quand je pense avoir plus de douleur,
Sans y penser je me trouve hors de peine.

Puis quand je crois ma joie être certaine,
Et être au haut de mon désiré heur[4],
Il me remet en mon premier malheur.

Marceline Desbordes-Valmore, la pionnière du romantisme

Marceline Desbordes-Valmore, injustement oubliée, est une pionnière du romantisme en poésie, avant Hugo et Lamartine. D'abord actrice de théâtre,

1. **Froidure** : le froid.
2. **Ennuis** : douleurs.
3. **Maint grief tourment j'endure** : j'endure de nombreux (« maint ») et douloureux (« grief ») tourments.
4. **Heur** : bonheur.

elle se consacre à la poésie en 1818, après le succès de son premier recueil poétique, Élégies et Romances, *la convainc de se consacrer à la poésie.*

Dans une langue très simple, elle met son âme à nu. La sincérité amoureuse qui ressort de ses poèmes est cependant un mélange de ses expériences personnelles et d'une construction maîtrisée des effets du langage.

Texte 3

MARCELINE DESBORDES-VALMORE (1786-1859)

Les Pleurs (1833)

Dans cette élégie[1], la douleur de la poétesse s'exprime par la répétition d'une plainte simple : « Malheur à moi ! », comme une confidence partagée. Son expérience intime devient une musique universelle. Preuve en est : Julien Clerc et Benjamin Biolay ont repris Les Séparés, *l'un de ses poèmes.*

Ah ! ce n'est pas aimer que prendre sur soi-même
De pouvoir vivre ainsi loin de l'objet qu'on aime.
André Chénier[2].

Malheur à moi ! je ne sais plus lui plaire ;
Je ne suis plus le charme de ses yeux ;
Ma voix n'a plus l'accent qui vient des cieux,
Pour attendrir sa jalouse colère ;
Il ne vient plus, saisi d'un vague effroi,
Me demander des serments ou des larmes.
Il veille en paix, il s'endort sans alarmes :
Malheur à moi !

1. **Élégie** : poème qui chante les peines de l'amour ou de la fuite du temps. Voir encadré, p. 106.

2. L'épigraphe (citation placée en tête d'un texte pour en orienter l'esprit) choisie par la poétesse est tirée de *Camille* d'André Chénier (1762-1794), grande figure préromantique pour qui « l'art ne fait que des vers ; le cœur seul est poète ».

Las du bonheur, sans trembler pour ma vie,
Insoucieux, il parle de sa mort !
De ma tristesse il n'a plus le remords,
Et je n'ai pas tous les biens qu'il envie !
Hier, sur mon sein, sans accuser ma foi,
Sans les frayeurs que j'ai tant pardonnées,
Il vit des fleurs qu'il n'avait pas données :
Malheur à moi !

Distrait d'aimer, sans écouter mon père,
Il l'entendit me parler d'avenir :
Je n'en ai plus, s'il n'y veut pas venir ;
Par lui je crois, sans lui je désespère ;
Sans lui, mon Dieu ! comment vivrai-je en toi ?
Je n'ai qu'une âme, et c'est par lui qu'elle aime :
Et lui, mon Dieu, si ce n'est pas toi-même,
Malheur à moi !

Guillaume Apollinaire, figure de la révolution poétique au XXe siècle

En 1913 paraît le recueil Alcools *d'Apollinaire, qui bouleverse les codes de la poésie. Hymne à la modernité,* Alcools *s'impose comme le manifeste de l'avant-garde poétique du début du XXe siècle : la ponctuation a disparu pour plus de fluidité et de musicalité, les vers sont libres, les images surprenantes. Ainsi, la « Chanson du mal-aimé », long poème lyrique et pièce maîtresse d'*Alcools*, renouvelle la figure de l'amant malheureux.*

Texte 4

GUILLAUME APOLLINAIRE (1880-1918)

***« Marie »**, Alcools* (1913)

Les amitiés d'Apollinaire avec des peintres comme Picasso inspirent une succession de tableaux poétiques évoquant des moments, des impressions, ou des fragments du corps de la femme aimée. Partout s'exprime le manque éprouvé par le poète éloigné de sa maîtresse.

Dans « Marie », Apollinaire mêle deux souvenirs amoureux intimes : sa rupture récente avec l'artiste peintre Marie Laurencin et celle, plus ancienne, avec Marie Dubois, qu'il a connue en Belgique.

Vous y dansiez petite fille
Y danserez-vous mère grand[1]
C'est la maclotte[2] qui sautille
Toutes les cloches sonneront
Quand donc reviendrez-vous Marie

Les masques sont silencieux
Et la musique est si lointaine
Qu'elle semble venir des cieux
Oui je veux vous aimer mais vous aimer à peine
Et mon mal est délicieux

Les brebis s'en vont dans la neige
Flocons de laine et ceux d'argent
Des soldats passent et que n'ai-je
Un cœur à moi ce cœur changeant
Changeant et puis encor[3] que sais-je

Sais-je où s'en iront tes cheveux
Crépus[4] comme mer qui moutonne
Sais-je où s'en iront tes cheveux
Et tes mains feuilles de l'automne
Que jonchent[5] aussi nos aveux

1. Mère grand : grand-mère (forme vieillie).

2. Maclotte : danse villageoise de Wallonie (Belgique), exécutée à l'origine par des matelots.

3. Encor : encore.

4. Crépus : denses et frisés.

5. Jonchent : recouvrent.

Je passais au bord de la Seine
Un livre ancien sous le bras
Le fleuve est pareil à ma peine
Il s'écoule et ne tarit pas[1]
Quand donc finira la semaine.

L'AMOUR DES FEMMES ET L'AMOUR DE LA VIE

En poésie, l'amour peut aussi être heureux, même s'il n'exclut pas le motif de la douleur : il arrive même que ce mal soit délicieux. Les moments de bonheur évoqués sont souvent liés à la beauté du corps de la femme aimée. Les poètes de la Renaissance imaginent un corps parfait sur lequel ils se penchent en détail, scrutant toutes ses parties, y compris les plus cachées[2]. Ainsi se diffuse la mode du blason qui fait l'éloge de la beauté physique de la femme.

Mais le plus grand bonheur du poète amoureux reste celui d'être aimé en retour, en particulier quand la femme s'offre à lui avec sensualité. L'amour partagé permet alors une profonde harmonie avec l'univers entier : la nature et les éléments reflètent l'union amoureuse. La femme aimée rend possible l'accès à l'amour du monde et des autres : quand on aime et que l'on est aimé, on ressent un amour universel.

Le blason

Très en vogue au XVIe siècle, le blason est une pièce en vers, généralement courts, à rimes plates. Il fait soit l'éloge, soit la satire d'un être ou d'un objet. Son sujet de prédilection est le corps féminin dont il célèbre chaque partie de manière détaillée (nez, joue, front, sourcil…) : on parle alors de « blason anatomique ». Il peut aussi ne célébrer qu'une partie du corps de la femme. Souvent, un blason élogieux est suivi d'un contre-blason satirique : les plus connus sont ceux du « Beau tétin » et du « Laid tétin », de Clément Marot (1496-1544).

1. **Ne tarit pas** : n'est jamais à sec.

2. Ronsard a par exemple consacré un sonnet au sexe féminin et Marot des poèmes au sein.

Maurice Scève et l'éloge de la beauté idéale

Maurice Scève, chef de file de l'école lyonnaise, élabore dans son recueil de dizains[1] *amoureux intitulé* Délie, objet de plus haute vertu *(1544) une poésie savante.* Délie, *anagramme de l'Idée, fait référence aux conceptions platoniciennes de l'amour, réactualisées à la Renaissance : l'amant chante un idéal spirituel et philosophique de la beauté qui doit mener au perfectionnement de son âme.*

Texte 5

MAURICE SCÈVE (1501-VERS 1564)

Blason du front (1543)

Clément Marot a introduit en France la mode italienne du blason, allant même jusqu'à organiser un concours, dont Maurice Scève sort victorieux avec son Blason du sourcil. *Celui du front lui permet de célébrer la beauté physique de la femme, mais aussi son esprit vif et inventif.*

Front large et haut, front patent[2] et ouvert,
Plat et uni, des beaux cheveux couvert.
Front qu'est[3] clair et serein firmament
Du petit monde[4], et par son mouvement
Est gouverné le demeurant[5] du corps,
Et à son vueil sont les membres concords[6],
Lequel je vois être troublé par nues[7]
Multipliant ses rides très menues,

1. **Dizains** : poèmes de dix vers.

2. **Patent** : dégagé.

3. **Qu'est** : qui est.

4. **Du petit monde** : allusion au microcosme corporel, opposé au macrocosme cosmique.

5. **Le demeurant** : le reste.

6. **Et à son vueil sont les membres concords** : et à sa seule volonté (« vueil ») les membres s'accordent (« concords »).

7. **Nues** : les nuages.

Et du côté qui se présente à l'œil
Semble que là se lève le soleil.
Front élevé sur cette sphère ronde,
Où tout engin[1] et tout savoir abonde.
Front révéré, front qui le corps surmonte
Comme celui qui ne craint rien, fors honte[2].
Front apparent, afin qu'on pût mieux lire
Les lois qu'amour voulut en lui écrire.
Ô front, tu es une table d'attente[3],
Où ma vie est, et ma mort très patente[4].

Victor Hugo et la liberté d'aimer

Dramaturge, romancier et poète, Victor Hugo écrit qu'il veut rester jusqu'à sa mort « le protestant de la liberté d'aimer ». L'amour tient en effet une très grande place dans les textes du chef de file du romantisme, entre pudeur et sensualité excessive. Dans sa poésie amoureuse, des Orientales *(1829) aux* Contemplations *(1856), la nature est en harmonie avec les sentiments du poète, l'amour est idéalisé et l'expression personnelle, souvent autobiographique, domine. L'amour y est une force vive et positive car, pour Hugo, « aimer, c'est plus que vivre ».*

Texte 6

VICTOR HUGO (1802-1885)

« Elle était déchaussée, elle était décoiffée... », *Les Contemplations* (1856)

Dans ce sonnet, Hugo évoque une rencontre amoureuse au cœur d'une nature accueillante. Il souligne l'harmonie entre les amants et la nature : la jeune fille libre et sauvage semble une fée de la rivière qui répond avec bonheur à l'amour du poète. Cette fois, l'amour est réciproque.

---

1. Engin : esprit, intelligence.

2. Fors honte : excepté la honte.

3. Table d'attente : en héraldique (discipline qui étudie les armoiries), désigne le bouclier de celui qui *attend* d'être adoubé chevalier, le bouclier qui attend ses armoiries.

4. Patente : évidente.

Elle était déchaussée, elle était décoiffée[1],
Assise, les pieds nus, parmi les joncs penchants ;
Moi qui passais par là, je crus voir une fée,
Et je lui dis : Veux-tu t'en venir dans les champs ?

Elle me regarda de ce regard suprême
Qui reste à la beauté quand nous en triomphons,
Et je lui dis : Veux-tu, c'est le mois où l'on aime,
Veux-tu nous en aller sous les arbres profonds ?

Elle essuya ses pieds à l'herbe de la rive ;
Elle me regarda pour la seconde fois,
Et la belle folâtre alors devint pensive.
Oh ! comme les oiseaux chantaient au fond des bois !

Comme l'eau caressait doucement le rivage !
Je vis venir à moi, dans les grands roseaux verts,
La belle fille heureuse, effarée[2] et sauvage,
Ses cheveux dans ses yeux, et riant au travers.

■ Paul Éluard, le poète de l'amour fou

Membre pionnier du groupe surréaliste, mouvement révolutionnaire politique et poétique en réaction à l'horreur de la Première Guerre mondiale, Paul Éluard lie sa poésie amoureuse à son grand amour, Helena Diakonova, qu'il surnomme « Gala ». Lorsqu'elle le quitte pour le peintre Salvador Dali, il retrace son parcours sentimental et poétique dans son recueil Capitale de la douleur, *initialement intitulé* L'Art d'être malheureux. *Sa poésie, libérée de toute contrainte formelle, se fonde sur des associations d'images inattendues : grâce à elle, il peut exprimer son amour toujours fou et la douleur d'aimer.*

1. Décoiffée : signe de liberté à une époque où les femmes ne sortent jamais sans chapeau.

2. Effarée : effrayée.

Texte 7

PAUL ÉLUARD (1895-1952)

« La courbe de tes yeux fait le tour de coeur », in *Capitale de la douleur*

« La courbe de tes yeux... » (1926) est l'avant-dernier poème du recueil. Éluard y célèbre les pouvoirs prodigieux de l'amour. Comme dans le blason, l'éloge de la femme commence par la célébration de ses yeux qui inspire au poète des images surprenantes. L'amour fou et partagé en devient cosmique[1] : aimer, être aimé, c'est aimer le monde et exister.

La courbe de tes yeux fait le tour de mon cœur,
Un rond de danse et de douceur,
Auréole[2] du temps, berceau nocturne et sûr,
Et si je ne sais plus tout ce que j'ai vécu
C'est que tes yeux ne m'ont pas toujours vu.

Feuilles de jour et mousse de rosée,
Roseaux du vent, sourires parfumés,
Ailes couvrant le monde de lumière,
Bateaux chargés du ciel et de la mer,
Chasseurs des bruits et sources des couleurs,

Parfums éclos d'une couvée d'aurores
Qui gît[3] toujours sur la paille des astres,
Comme le jour dépend de l'innocence
Le monde entier dépend de tes yeux purs
Et tout mon sang coule dans leurs regards.

Louis Aragon fait de la femme « l'avenir de l'homme »

Le nom d'Aragon ne peut être dissocié de celui d'Elsa Triolet qui fut sa muse et son épouse. En 1942, en pleine Occupation, Aragon lui dédie un recueil poétique, Les Yeux d'Elsa, *qui mêle ode à l'amour et poésie de la Résistance.*

1. En devient cosmique : s'élargit aux dimensions du monde.

2. Auréole : cercle lumineux.

3. Gît : est couché, est étendu (3e personne du singulier du présent du verbe *gésir*).

Amoureux passionné et résistant politique, Aragon opte pour un retour aux formes poétiques traditionnelles (rimes, alexandrins) et à l'inspiration médiévale courtoise : Elsa devient la dame qui rend la vie merveilleuse.

Texte 8

LOUIS ARAGON (1897-1982)

« Il n'aurait fallu », in *Le Roman inachevé* © Éditions Gallimard

Dans ce poème (1956) la femme sauve le poète et lui redonne vie en recréant le monde et la poésie. Son amour plus fort que la mort est une promesse de bonheur fait de douceur, de légèreté et de sensations heureuses. Pour Aragon, la femme est vraiment l'avenir de l'homme[1].

Il n'aurait fallu
Qu'un moment de plus
Pour que la mort vienne
Mais une main nue
Alors est venue
Qui a pris la mienne

Qui donc a rendu
Leurs couleurs perdues
Aux jours aux semaines
Sa réalité
À l'immense été
Des choses humaines

Moi qui frémissais
Toujours je ne sais
De quelle colère
Deux bras ont suffi
Pour faire à ma vie
Un grand collier d'air

1. « La femme est l'avenir de l'homme », vers extrait du poème *Le Fou d'Elsa* (1963), de Louis Aragon, est devenu le titre d'une célèbre chanson de Jean Ferrat en 1975.

Rien qu'un mouvement
Ce geste en dormant
Léger qui me frôle
Un souffle posé
Moins Une rosée
Contre mon épaule

Un front qui s'appuie
À moi dans la nuit
Deux grands yeux ouverts
Et tout m'a semblé
Comme un champ de blé
Dans cet univers

Un tendre jardin
Dans l'herbe où soudain
La verveine pousse
Et mon cœur défunt
Renaît au parfum
Qui fait l'ombre douce

L'INVITATION À AIMER AU PRÉSENT

L'invitation à aimer au présent trouve sa formulation la plus fameuse dans une ode du poète latin Horace (Ier siècle av. J.-C.) : *carpe diem*, qui signifie « cueille le jour présent ». Cette devise connaît un grand succès dans la poésie amoureuse de la Renaissance : « profiter du moment présent » devient l'argument favori du poète amoureux pour convaincre sa belle de l'aimer, avant de devenir vieille et laide. Cette invitation ambiguë peut donc vite se faire menaçante, et même misogyne, quand le poète a l'indélicatesse de rappeler que c'est sa poésie qui rend la femme éternellement belle. Les poètes jouent du double sens de l'appel à l'amour (aimer la vie présente, aimer le poète) dans de savoureux exercices de style où le langage est à l'honneur.

Clément Marot et l'appel à l'érotisme

Apprécié par le roi François Ier, mais souvent condamné par la justice, Clément Marot doit se battre pour conserver sa liberté. Sa poésie en porte la trace : L'Adolescence clémentine *prône le naturel, d'une voix personnelle et directe. L'amour s'y exprime comme dans une conversation légère et gaie : les jeux sur les sons et les mots révèlent une grande liberté d'esprit.*

Texte 9

CLÉMENT MAROT (1496-1544)

« De celui qui incite une jeune dame à faire ami », *L'Adolescence clémentine*, rondeau 4[1] (1538)

Sur un ton simple et familier, Marot traduit le carpe diem antique en invitant une jeune femme à jouer les coquettes pour séduire les hommes (et avant tout le poète lui-même) avant de devenir vieille. Les sous-entendus érotiques ne manquent pas dans cet appel à profiter du plaisir au présent.

À mon plaisir vous faites feu et basme[2],
Par quoi souvent je m'étonne, madame,
Que vous n'avez quelque ami par amours :
Au diable l'un, qui[3] fera ses clamours[4]
Pour vous prier[5], quand serez vieille lame[6].

Or, en effet, je vous jure mon âme,
Que si j'étais jeune et gaillarde femme,
J'en aurais un devant qu'il fut[7] trois jours
À mon plaisir.

1. Rondeau : poème médiéval à forme fixe, comportant treize vers sur deux rimes, avec des répétitions obligées.

2. Basme : baume, remède.

3. Qui : celui qui.

4. Clamours : plaintes.

5. Pour vous prier : pour vous supplier de l'aimer.

6. Vieille lame : une vieille (expression familière).

7. Devant qu'il fut : avant qu'il fût.

Et pourquoi non ? Ce serait grand diffame[1],
Si vous perdiez jeunesse, bruit et fame[2]
Sans ébranler[3] drap, satin et velours.
Pardonnez-moi, si mes mots sont trop lourds[4] :
Je ne vous veux qu'apprendre votre gamme[5]
À mon plaisir.

Pierre Corneille et la tragédie de l'amour

Dramaturge et auteur du Cid *(1637), Pierre Corneille fait triompher le dilemme tragique : ses héros doivent choisir entre leur amour ou l'honneur de leur famille. De ce terrible choix, que l'on appelle encore « cornélien », naissent les tourments des amants. Dans les pièces de Corneille, l'amour est une épreuve douloureuse, dont la fin est funeste, comme le veut la règle de la tragédie.*

Texte 10

PIERRE CORNEILLE (1606-1684)

Stances à Marquise (1658)

Corneille, alors connu pour ses tragédies, s'adresse à l'actrice Thérèse du Parc, surnommée « Marquise ». Le choix des stances[6] oriente vers le lyrisme grave, mais Corneille surprend avec ce chantage amoureux, drôle et féroce, inspiré du carpe diem. *À la différence de Ronsard dans le sonnet 43 pour Hélène (« Quand vous serez bien vieille au soir à la chandelle »), Corneille se peint lui-même en vieillard, s'offrant en miroir à la belle jeune femme. Georges Brassens vengera Marquise dans sa chanson éponyme en lui faisant répondre : « J'ai 26 ans mon vieux Corneille, et je t'emmerde en attendant ».*

---

1. **Grand diffame** : grande honte.
2. **Bruit et fame** : réputation et succès.
3. **Ébranler** : ici, remuer pour faire briller l'étoffe de ses vêtements.
4. **Lourds** : érotiques, grossiers.
5. **Gamme** : terme de musique et allusion à l'expression populaire *chanter la gamme*, « quereller, reprocher ».
6. **Stances** : forme poétique souple, où l'alexandrin alterne avec d'autres types de vers. S'emploie pour des sujets élevés, religieux ou moraux.

Marquise, si mon visage
A quelques traits un peu vieux,
Souvenez-vous qu'à mon âge
Vous ne vaudrez guère mieux.

Le temps aux plus belles choses
Se plaît à faire un affront :
Il saura faner vos roses
Comme il a ridé mon front.

Le même cours des planètes
Règle nos jours et nos nuits :
On m'a vu ce que vous êtes[1]
Vous serez ce que je suis.

Cependant j'ai quelques charmes
Qui sont assez éclatants
Pour n'avoir pas trop d'alarmes[2]
De ces ravages du temps.

Vous en[3] avez qu'on adore ;
Mais ceux[4] que vous méprisez
Pourraient bien durer encore
Quand ceux-là[5] seront usés.

Ils pourront sauver la gloire
Des yeux qui me semblent doux,
Et dans mille ans faire croire
Ce qu'il me plaira de vous.

1. On m'a vu ce que vous êtes : on m'a vu être ce que vous êtes (jeune et belle).

2. Alarmes : inquiétudes.

3. En : renvoie à « charmes ».

4. Ceux : mes charmes.

5. Ceux-là : renvoie aux charmes de Marquise.

Chez cette race nouvelle
Où j'aurai quelque crédit,
Vous ne passerez pour belle
Qu'autant que je l'aurai dit.

Pensez-y, belle Marquise,
Quoiqu'un grison[1] fasse effroi,
Il vaut bien qu'on le courtise
Quand il est fait comme moi.

Jean de La Fontaine et le réalisme en amour

Dans les douze recueils de ses Fables *(1668-1693), La Fontaine renouvelle le genre imité des auteurs antiques en lui donnant une forme légère et séduisante. Souvent gaies, ses fables racontent les faiblesses des humains et peignent leurs vices avec amusement. Elles donnent la parole aux animaux, aux hommes et aux dieux dans une conversation discordante, à l'image de la variété du monde. Car la sagesse des* Fables *de La Fontaine réside moins dans des leçons moralisatrices, que dans l'observation lucide du monde tel qu'il est. On y apprend à mieux se connaître, pas à changer.*

Texte 11

JEAN DE LA FONTAINE (1621-1695)

« La Jeune Veuve », *Fables*, VI, 21 (1668)

La sagesse de cette fable amusante sur l'inconstance humaine n'est pas si noire : certes, la jeune veuve se remet bien vite de son deuil, mais se tourner résolument vers la vie, n'est-ce pas une autre manière de traduire le carpe diem *? L'hypocrisie : voilà le mal véritable !*

La perte d'un époux ne va point sans soupirs.
On fait beaucoup de bruit, et puis on se console.
Sur les ailes du Temps la tristesse s'envole ;

1. **Grison** : grisonnant.

Le Temps ramène les plaisirs.
Entre la veuve d'une année
Et la veuve d'une journée
La différence est grande : on ne croirait jamais
Que ce fût la même personne.
L'une fait fuir les gens, et l'autre a mille attraits.
Aux soupirs vrais ou faux celle-là s'abandonne ;
C'est toujours même note, et pareil entretien[1] :
On dit qu'on est inconsolable ;
On le dit, mais il n'en est rien ;
Comme on verra par cette fable,
Ou plutôt par la vérité.

L'époux d'une jeune beauté
Partait pour l'autre monde. À ses côtés, sa femme
Lui criait : « Attends-moi, je te suis ; et mon âme,
Aussi bien que la tienne, est prête à s'envoler. »
Le mari fit seul le voyage[2].
La belle avait un père, homme prudent et sage :
Il laissa le torrent[3] couler.
À la fin, pour la consoler :
« Ma fille, lui dit-il, c'est trop verser de larmes :
Qu'a besoin le défunt[4] que vous noyiez vos charmes ?
Puisqu'il est des vivants, ne songez plus aux morts.
Je ne dis pas que tout à l'heure
Une condition meilleure
Change en des noces ces transports ;
Mais, après certain temps souffrez[5] qu'on vous propose
Un époux beau, bien fait, jeune, et tout autre chose
Que le défunt. – Ah ! dit-elle aussitôt,

1. **Pareil entretien** : le même discours.

2. **Le mari fit seul le voyage** : euphémisme pour dire que seul le mari mourut.

3. **Le torrent** : le torrent de larmes.

4. **Le défunt** : le mort.

5. **Souffrez** : acceptez.

Un cloître est l'époux qu'il me faut. »
Le père lui laissa digérer sa disgrâce[1].
Un mois de la sorte se passe.
L'autre mois, on l'emploie à changer tous les jours
Quelque chose à l'habit, au linge, à la coiffure.
Le deuil enfin sert de parure,
En attendant d'autres atours.
Toute la bande des Amours
Revient au colombier[2] : les jeux, les ris[3], la danse,
Ont aussi leur tour à la fin.
On se plonge soir et matin
Dans la fontaine de Jouvence[4].
Le père ne craint plus ce défunt tant chéri ;
Mais comme il ne parlait de rien à notre belle :
« Où donc est le jeune mari
Que vous m'avez promis ? » dit-elle.

■ Charles Baudelaire, chantre de l'amour scandaleux

La parution des Fleurs du mal *en 1857 fait scandale : le recueil est condamné pour offense à la morale publique et aux bonnes mœurs. Les poésies amoureuses du recueil célèbrent en vérité la sensualité, la « beauté des caresses » et les « baisers infinis » dans une langue raffinée. La femme y est glorifiée, idéalisée et langoureuse, à l'image de Jeanne Duval, la maîtresse métisse du poète, qui lui inspire « Parfum exotique ». Pourtant, la perfection formelle domine toujours pour servir des rêveries reposant sur de puissantes sensations.*

1. **Sa disgrâce** : son chagrin.
2. **Revient au colombier** : image pour représenter la maison de la veuve prête à aimer de nouveau (les colombes symbolisent l'amour).
3. **Ris** : rires.
4. **Fontaine de Jouvence** : fontaine légendaire dont les eaux avaient la propriété de rajeunir celui qui s'y plongeait.

Texte 12

CHARLES BAUDELAIRE (1821-1867)

« Remords posthume », *Les Fleurs du mal* (1857)

Baudelaire propose un carpe diem *inédit : la femme chantée ici est déjà morte parce qu'elle a trop « cueilli le moment présent ». Le poète la condamne aux regrets éternels pour l'avoir trop souvent trompé avec d'autres hommes. Les remords qui, tels les vers, rongent sa conscience sont les châtiments qui doivent inviter à une méditation universelle sur la mort. Derrière la déception amoureuse se lit donc une réflexion sur la mort et le passage du temps, mais aussi une valorisation du rôle de la poésie, véritable tombeau qui enferme éternellement la femme aimée dans un sonnet.*

Lorsque tu dormiras, ma belle ténébreuse,
Au fond d'un monument construit en marbre noir,
Et lorsque tu n'auras pour alcôve et manoir[1]
Qu'un caveau[2] pluvieux et qu'une fosse creuse ;

Quand la pierre, opprimant ta poitrine peureuse
Et tes flancs qu'assouplit un charmant nonchaloir[3],
Empêchera ton cœur de battre et de vouloir,
Et tes pieds de courir leur course aventureuse,

Le tombeau, confident de mon rêve infini
(Car le tombeau toujours comprendra le poète),
Durant ces grandes nuits d'où le somme est banni,

Te dira : « Que vous sert, courtisane imparfaite,
De n'avoir pas connu ce que pleurent les morts ? »
– Et le ver rongera ta peau comme un remords.

---

1. **Alcôve** : enfoncement aménagé dans une chambre pour y placer un lit ; le terme désigne le lieu des rapports amoureux ; **manoir** : demeure, généralement ancienne et élégante.

2. **Caveau** : fosse maçonnée dans un cimetière, sépulture souterraine.

3. **Nonchaloir** : nonchalance.

■ Serge Gainsbourg, l'amoureux irrévérencieux

*Auteur, compositeur et interprète majeur de la chanson française, Serge Gainsbourg joue avec insolence de sa grande culture musicale et poétique. Il reste connu pour ses nombreux tubes et son goût de la provocation : dans ses chansons d'amour, taxées de scandaleuses (*Je t'aime moi non plus, Comic Strip, Sea, Sex and Sun, *et surtout* Love on the beat *et* Lemon Incest*), il affiche une sexualité débridée et pleine de gaieté. Mais il a aussi décrit avec délicatesse la peur face à l'amour (l'*Anamour*) et la difficulté de la séparation amoureuse (*Comment te dire adieu*). Insolent, donc, mais élégant.*

Chanson

SERGE GAINSBOURG (1928-1991)

Prolongement en musique : « Ronsard 58 », *Du chant à la une !* (1958)
→ www.ina.fr/video/I05035629/

Dans un hommage décalé à Ronsard, Gainsbourg propose une version comique de l'Ode à Cassandre *dans une chanson à la langue familière et populaire :* « Ronsard 58 », *extraite de l'album* Du chant à la une. *La dame hautaine de la Renaissance est transformée en pimbêche moderne portant le bikini. Mais le sens, lui, reste le même : seule la littérature garantit l'éternité.*

Le dossier

L'écriture poétique de Ronsard dans *Les Amours*

Au début des premiers livres des Odes *(1550), Ronsard défie son lecteur: « Quand tu m'appelleras le premier auteur lyrique français, et celui qui a guidé les autres au chemin de si honnête labeur, alors tu me rendras ce que tu me dois. » L'avertissement est clair: nous sommes invités à définir le lyrisme singulier du poète de 28 ans qui illustre, avec ses* Amours, *toutes les ambitions du groupe de poètes de la Pléiade. Ainsi devons-nous aborder avec lui les grandes questions de la création poétique à la Renaissance.*

En effet, l'écriture poétique de Ronsard se caractérise par une grande variété: elle embrasse toute la diversité de l'amour, du haut style digne de l'épopée, au style humble, en passant bien sûr par le dolce stil nuovo, *le « nouveau style doux ». Sans cesse remaniées, ses poésies amoureuses sont toujours susceptibles d'être embellies. Elles constituent un discours sur l'amour fait de mille fragments, puisque chaque poème est indépendant de l'ensemble, mais aussi d'échos infinis, puisque le jeu d'associations entre les poèmes est inépuisable.*

LA VARIÉTÉ POUR RENDRE TOUTE LA DIVERSITÉ DU MONDE

1 • Le *dolce stil nuovo*

- L'expression *dolce stil nuovo* se trouve dans la *Divine Comédie*, de Dante (1265-1321), où elle désigne une écriture poétique nouvelle qui rend compte avec **naturel** de la réalité des sentiments amoureux. Elle englobe les plus subtiles poésies amoureuses du Moyen Âge européen et celles de Pétrarque.
- Mais douceur et naturel passent par des **moyens d'expression très codifiés**, faits de scénarios et d'**images types**: les traits des yeux qui blessent l'amoureux, la chasse où l'amant est un gibier capturé dans les rets (filet) des cheveux, tel un cerf blessé.
- Le *dolce stil nuovo* se caractérise aussi par une **syntaxe** (accumulation, énumération, chiasme) **et** des **figures rhétoriques** (allégorie, antithèse, oxymore et hyperbole) **frappantes**.

2 • Les trois styles

• La tradition médiévale a fait des œuvres du poète latin Virgile (Ier siècle av. J.-C.) le modèle pour évaluer les styles et les genres. Dans un cercle appelé « **roue de Virgile** », on distingue le **style élevé**, le **style bas** et le **style moyen.** Rien n'est prévu pour la poésie lyrique amoureuse.

• En choisissant de chanter Cassandre, Ronsard veut élever la poésie amoureuse à l'égal de l'épopée, le plus haut point de la hiérarchie des genres. Ses *Amours de Marie* magnifient le style bas.

La roue de Virgile

La roue de Virgile distingue trois sortes de style, auxquelles correspondent trois univers de référence : des arbres, des animaux, des métiers différents. À la base, il y a Virgile, les *Bucoliques*, les *Géorgiques*, et l'*Énéide*. Le *stilus humilis* (style bas) traite des bergers. Le *stilus mediocris* (style moyen) parle des paysans. Le *stilus gravis* (style élevé) traite des guerriers.

UNE ÉCRITURE MOBILE, DES TEXTES INFINIS

1 • L'invention du recueil

• En rassemblant dans un même recueil ses poésies amoureuses, Ronsard favorise la **mobilité des motifs et des références** à l'intérieur d'un même recueil, et d'un recueil à l'autre : Cassandre et Marie apparaissent aussi dans les *Sonnets pour Hélène.*

• Comme il participe activement à l'élaboration matérielle de la publication de ses textes de son vivant, à leur composition et à leur organisation, Ronsard veille à créer une **harmonie dans la variété**. Ses variations sur le thème amoureux sont infinies grâce à la forme du recueil.

2 • Les variantes des rééditions

Le travail d'édition génère de **multiples modifications** : changement de place d'un sonnet dans le recueil, ou remaniement total d'un ou de plusieurs vers. Selon l'édition choisie, un poème de Ronsard peut donc être très différent. Ces variantes fondent son **écriture mobile** et l'**impression de textes infinis**

FRAGMENTS ET UNITÉ

1 • Le refus de la narration suivie

- Chaque recueil des *Amours* est dédié à une femme, mais aucun ne suit une narration suivie et chronologique, de la rencontre à la séparation. Le temps des amours n'est ni orienté, ni organisé en séquences : **il suit les mouvements aléatoires du cœur**.
- La **forme du sonnet**, clos sur lui-même et circulaire, favorise la conception d'un recueil fait de scènes juxtaposées et de fragments de discours amoureux.

2 • Un jeu d'échos infinis

- L'unité n'est pourtant pas absente des recueils ronsardiens, mais elle existe par un **travail de la mémoire**. Le lecteur est invité à ordonner l'ensemble à sa manière, selon sa sensibilité aux répétitions de mots, de structures syntaxiques, de motifs, de métaphores… **À chaque lecteur son Ronsard** !
- Ce sont ces échos infinis qui font précisément une grande œuvre.

La figure du poète

Plusieurs femmes apparaissent dans Les Amours *face à un je omniprésent, qui s'affirme avec force – y compris par un portrait au début des recueils dès 1552. Pourtant, l'autobiographie n'intéresse pas le poète-auteur : son je est toujours un autre, insaisissable. Le genre inauguré par Ronsard dans* Les Amours *n'invite pas à exprimer les sentiments personnels du poète, mais à jouer des rôles et à endosser plusieurs masques que l'on appelle en littérature des* persona *: le je est tantôt Ronsard, tantôt Jupiter, tantôt Cassandre elle-même, qui parle à la première personne. Si cet énonciateur n'est pas unique, comment cerner la figure si multiple du poète dans* Les Amours *?*

Attachons-nous d'abord aux formes prises par cette voix lyrique complexe qui exprime l'identité plurielle du poète. Ronsard se construit en poète vates *(inspiré des dieux), capable de créer des émotions et d'en rendre compte de manière frappante : il reconstruit tout l'univers amoureux en vers. Il peut aussi se renouveler, sans répéter les mêmes mots d'amour : ses métamorphoses en font un poète toujours en mouvement.*

UNE VOIX LYRIQUE COMPLEXE

1 • Une voix singulière

- Certains poèmes des *Amours* laissent s'exprimer la **voix de l'amant malheureux**, d'autres celle du **poète passionné par les questions d'écriture**. C'est essentiellement la voix d'un homme, qui donne même son nom dans certains sonnets. Ainsi se crée l'impression d'une **identité réelle** : celle de Ronsard, poète amoureux de Cassandre, de Marie et d'Hélène.

- Mais, en se désignant à la troisième personne, le poète instaure une distance avec lui-même : son identité singulière devient alors un **rôle qu'il joue**.

Lyrisme et voix lyrique

La poésie lyrique est souvent définie comme le genre où s'expriment les sentiments personnels du poète qui dit *je*. Deux autres caractéristiques, souvent oubliées, sont essentielles : la recherche de la musicalité et la visée de l'idéal.

À la Renaissance, la poésie lyrique est plus précisément une poésie du chant et de la célébration de Dieu, des grands personnages ou de la femme aimée. La voix lyrique s'y exprime à la première personne, mais ne se confond pas avec le *je* autobiographique. Elle est l'expression d'un sujet singulier qui adopte des postures variées, adaptées à son destinataire.

Elle est à l'image de la transformation du rôle de la poésie : porte-parole d'une individualité particulière, tout en continuant à diffuser des lieux communs impersonnels.

2 • Une voix universelle

• La voix personnelle de Ronsard se fait universelle dans des sonnets qui décrivent la femme, sans aucune marque de première personne. Il y célèbre la beauté universelle, d'une voix qui n'a plus rien de personnel.

• Le poète devient une **fonction** : on ne sait pas exactement ce que ce *je* recouvre, un peu Ronsard, beaucoup d'amoureux en général. Au fond, ce sont les poèmes qui nous permettent d'imaginer un auteur.

LE POÈTE *VATES*, CRÉATEUR D'ÉMOTIONS

1 • Fort comme un dieu ?

• Depuis ses *Odes*, Ronsard décrit sa force créatrice comme une **fureur divine** : il se laisse emporter par les Muses qui en font leur intermédiaire entre les mondes divin et humain. Dans sa poésie amoureuse, il endosse les **masques des grandes figures de la poésie antique** (Homère, Virgile) **et des divinités mythologiques**. Ronsard devient jupitérien, tout-puissant et source de la poésie, mais il prend aussi la figure du rusé Ulysse ou du malheureux Prométhée martyrisé.

• **Fort et fragile**, il manifeste par ces identités fictionnelles le combat intérieur de celui qui aime et ne veut pas subir sa passion.

2 • Rendre le monde présent

• C'est ainsi que Ronsard rend compte au plus près des **contradictions** qui nous habitent : ne sommes-nous pas tous **pluriels** ? Cette pluralité de figures est à l'image de toute identité humaine, d'une identité vivante.

• Sa poésie offre la présence vivante d'un être, des émotions qu'il cause ou ressent. Elle compense l'absence de l'aimée **rendue visible**, elle offre à voir ce qui est au plus profond des cœurs. Ronsard fait plus encore : il nous rapproche des textes antiques et pétrarquistes, qu'il imite et ressuscite. **Monde présent et monde ancien communiquent** enfin.

MÉTAMORPHOSES : LE POÈTE EN MOUVEMENT

1 • Un mouvement infini

• **Tout est mouvement dans la poésie ronsardienne** : on y chasse, on y danse, on y vole. Le désir y est libre, « folâtre ». L'amour et le poète sont mobiles, faits d'énergies infinies. Par le jeu des **métaphores**, qui associent soudainement des réalités différentes, Ronsard anime sa poésie et se peint en Protée, le dieu grec des métamorphoses.

2 • Un poète tourné vers l'avenir

• Poète du présent réconcilié avec le passé, Ronsard est sans cesse tourné vers l'avenir, vers la **gloire littéraire future**. Il écrit pour laisser une **trace éternelle**. Les poèmes pour Marie de Clèves (voir p. 61) révèlent sa volonté de graver ses vers sur la pierre pour l'éternité et de faire de sa poésie amoureuse un bien sacré.

Un thème clé de l'œuvre : l'amour

Le thème est marqué par une double tradition. L'une, idéaliste, fait de l'amour un cheminement spirituel pour parvenir à la perfection morale : c'est l'héritage courtois médiéval, lui-même hérité du platonisme antique. L'autre, réaliste, souligne la dimension du corps, de la nature et du plaisir, perçu tantôt comme bienfaisant, tantôt comme le mal à bannir. La littérature diffuse ces deux conceptions à travers un vocabulaire, des images et des formes poétiques.

Ronsard renouvelle l'ensemble en s'inspirant de tout : sa poésie amoureuse peut être chaste ou érotique, réaliste ou très élevée. Il adapte l'héritage de la tradition à sa situation propre, il joue des variations, il brode, il transforme. C'est ainsi que s'expriment sa personnalité et sa conception de l'amour.

L'AMOUR COURTOIS RENOUVELÉ

1 • L'héritage médiéval

● Aux XIIe et XIIIe siècles apparaît l'**amour courtois** à travers romans et poésies lyriques : l'amant est parfaitement soumis à sa dame, comme le vassal à son seigneur ou l'homme à Dieu. L'amour des hommes n'est pas loin de l'amour sacré : il est **soumission et obéissance** absolue.

● **Fidélité et service** y sont essentiels : l'amant doit **mériter sa dame**, ce qui suppose exploits et actions héroïques. Il **idéalise** la femme aimée au point d'en faire un **objet intouchable** : sa quête amoureuse est infinie. L'amant courtois est donc tourmenté, mais pas transi d'amour !

L'élégie

Elegeia, en grec, signifie « chant de deuil ». Cependant, dans la poésie gréco-latine, l'élégie peut aborder des sujets variés : l'amour, la guerre, et bien sûr la souffrance. Elle se compose de strophes de deux vers, appelées « distiques » : un hexamètre (vers de 6 syllabes) et un pentamètre (vers de 5 syllabes).

La Renaissance définit l'élégie comme une « épître amoureuse dolente », c'est-à-dire une lettre en vers triste, funèbre. Poème lyrique, l'élégie est écrite dans un style simple qui chante les douleurs de l'amour, de la séparation ou de la mort. Dans cette veine, Ronsard compose ses *Élégies, mascarades et bergeries* (1565) et Du Bellay ses *Regrets* (1558).

2 • Le pétrarquisme

● Pétrarque reprend l'amour courtois médiéval en y ajoutant sa **culture humaniste** : la dame reste **adorée, mais** elle est **incarnée.** Elle a un corps, elle se baigne dans les ruisseaux et s'épanouit au sein de la nature.

● Elle reste froide, faisant sombrer l'amant dans la mélancolie : il est pris dans des contradictions insolubles, entre espoir et désespoir. **Il agit moins et se lamente davantage : l'élégie antique s'est mêlée à la courtoisie.** C'est la voie suivie et renouvelée par Ronsard.

ÉPROUVER LA FUREUR DE L'AMOUR

1 • La passion

● L'amour chez Ronsard est le plus souvent une **fureur**, une passion **qui le fait souffrir et lui ôte sa raison :** l'amant perd ses repères, ne s'appartient plus et devient fou. La violence des émotions contradictoires qu'il éprouve se dit à travers les **hyperboles**, les **antithèses** et les **images de rupture**. Dans cet amour, tout est exclusif, déchirant et tragique.

● Mais Ronsard n'exclut pas l'amourette, ni le flirt : la **sensualité légère et** le **badinage amoureux** figurent un amoureux presque volage, prompt à séduire les dames.

2 • La femme fantôme

● Les femmes des *Amours* paraissent **irréelles** tant elles se conforment aux clichés hérités par Ronsard. Même si elles sont nommées, **elles se confondent avec les figures mythologiques et résultent du mélange des traditions** : la dame mythique, pétrarquiste et sensuelle.

● Les recueils ronsardiens évoquent finalement moins des femmes particulières que le désir amoureux du poète, et même son désir de poésie. L'expression de l'amour le conduit à l'amour de l'expression. **Pour Ronsard, dire l'amour, le comprendre et le mettre en mots est plus important que l'éprouver.**

COMPRENDRE L'AMOUR ET LE DIRE

1 • Un sujet pathétique

• Les **effets de l'amour sur le poète** : voilà le véritable sujet des *Amours*. Le sentiment amoureux s'inscrit dans son corps qui rougit, blêmit ou tremble, à l'image de celui de la femme aimée. Mais le désir s'imprime douloureusement dans la chair du poète qui s'efforce de **l'exprimer pour le conjurer**.

• La poésie amoureuse de Ronsard est fondée sur la **tension entre le sentiment d'impuissance à exprimer l'amour, et la parole poétique qui formule cette impuissance**. C'est ce qui fait de Ronsard un sujet pathétique, qui émeut profondément parce qu'il interroge le pouvoir du langage.

2 • L'amour du beau

• Ronsard célèbre enfin la beauté universelle à travers l'objet de son amour : la femme aimée permet de s'élever à un **idéal de beauté**. Connaître la nature, cadre privilégié de l'amour ronsardien, et même la physique, donne le pouvoir de créer un **univers poétique moral** et de l'offrir aux lecteurs.

• Mais c'est son propre cœur que le poète cherche à représenter : l'amour le conduit à mieux se connaître et à se dire. Aimer revient alors à aller au plus profond de soi.

La femme, entre muse et objet poétique

La poésie de Ronsard reprend en partie une tradition courtoise qui fait de la femme un idéal inatteignable, une maîtresse déifiée, c'est-à-dire une déesse. Muse[1] du poète, la femme est cependant dépossédée de son être propre : elle ne se définit que par rapport au poète qui l'aime, et synthétise une tradition littéraire où elle est l'égérie[2] d'un génie. Paradoxalement, lorsqu'elle est adorée et portée aux nues, elle est encore réifiée[3], parce que devenue objet de désir, et finalement femme-objet. Elle reste toujours celle sur qui les regards se portent, la déshabillant plus ou moins.

Contrairement au poète, la femme reste essentiellement définie par son corps et par sa dureté : ni sentiment, ni émotion ne lui sont attribués, excepté sa froideur envers le poète éploré. L'émoi et le trouble sont du côté du poète-amant. Et l'empathie du lecteur aussi.

Dans ce système hiérarchique qui façonne toute la poésie lyrique médiévale et renaissante, la femme a un statut élevé : elle incarne la beauté idéale, mais reste un objet poétique. Elle sert le poète, le conduit à la perfection morale, à l'élévation spirituelle, à la connaissance de soi et du monde, et bien sûr à l'écriture poétique. L'objet du désir reste un beau sujet poétique, un magnifique support pour l'éloge de la poésie. La femme est donc au mieux un guide vers un ailleurs, mais plus fréquemment un miroir tendu au poète-Narcisse[4].

Quelques voix féminines se font cependant entendre : Sapho ou Louise Labé[5] expriment aussi leur désir, mais en reprenant clichés et motifs hérités des poètes. Il faudra du temps et bien des combats féministes pour que la femme devienne (presque, puisque rien ne semble encore joué !) l'égale de l'homme.

---

1. Muse : inspiratrice.
2. Égérie : inspiratrice, source d'inspiration.
3. Réifiée : transformée en chose (du latin *res*, « chose »).
4. Narcisse : personnage de la mythologie célèbre pour sa beauté, qui s'éprend de sa propre image en se regardant dans l'eau d'une fontaine ; passé dans le langage commun, un *Narcisse* désigne un homme qui est amoureux de lui-même et s'admire.
5. Sapho (VIIe-VIe siècle av. J.-C.) : poétesse grecque dont peu de vers ont été conservés, elle est l'auteure d'odes et d'hymnes célébrant l'amour, la beauté et la grâce féminine dans une tonalité tendre et passionnée ; **Louise Labé** : voir p. 79-80.

DOCUMENT 1

RONSARD, *Ode à Cassandre* (1553) → page 21

DOCUMENT 2

VINCENT VOITURE, « Ma foi, c'est fait de moi », *Poésies* (1649)

Vincent Voiture (1598-1648) prend le prétexte d'un rondeau qu'il doit offrir à une femme pour expliquer le mécanisme de ce petit poème de treize vers de huit ou dix syllabes sur deux rimes, huit masculines et cinq féminines. On sent bien que le choix du prénom féminin « Isabeau » n'importe que pour sa rime avec « rondeau » : aucune émotion amoureuse ici, mais un simple jeu mondain, fait pour le plaisir de la dame qui a commandé le poème. La définition du rondeau prime sur l'adresse à une dame susceptible d'être séduite par la virtuosité poétique de son auteur.

Ma foi, c'est fait de moi. Car Isabeau
M'a conjuré de lui faire un rondeau.
Cela me met en une peine extrême.
Quoi treize vers : huit en *eau*, cinq en *ème* !
Je lui ferais aussitôt un bateau.

En voilà cinq pourtant en un monceau[1].
Faisons-en huit, en invoquant Brodeau[2],
Et puis mettons : par quelque stratagème.
Ma foi, c'est fait.

Si je pouvais encor de mon cerveau
Tirer cinq vers, l'ouvrage serait beau.
Mais cependant je suis dedans l'onzième,
Et si, je crois que je fais le douzième.
En voilà treize ajustés au niveau.
Ma foi, c'est fait !

1. **Monceau** : tas, amas d'objets.

2. **Victor Brodeau** (début du XVIe siècle) : poète à la cour de Marguerite de Navarre, il est l'auteur de rondeaux.

DOCUMENT 3

CHARLES BAUDELAIRE, « À une passante », « Tableaux parisiens », *Les Fleurs du mal* (1857)

*Inaccessible, idéalisée, rêvée : telle est la passante entraperçue par le poète qui renouvelle ici la scène du coup de foudre en la plaçant dans les rues de Paris. Baudelaire (1821-1867) offre une version moderne de l'*innamoramento *: une femme surgit dans la foule, le poète est attablé dans un café. La femme fait naître en lui un espoir violent, qui disparaît tout aussitôt : le spleen, sorte de mélancolie profonde, envahit à nouveau le poète. Cette femme mystérieuse qui aurait pu être sa muse s'évapore dans la ville.*

La rue assourdissante autour de moi hurlait.
Longue, mince, en grand deuil, douleur majestueuse,
Une femme passa, d'une main fastueuse[1]
Soulevant, balançant le feston[2] et l'ourlet ;

Agile et noble, avec sa jambe de statue.
Moi, je buvais comme un extravagant[3],
Dans son œil, ciel livide[4] où germe l'ouragan,
La douceur qui fascine et le plaisir qui tue.

Un éclair...puis la nuit ! – Fugitive beauté
Dont le regard m'a fait soudainement renaître,
Ne te verrai-je plus que dans l'éternité ?

Ailleurs, bien loin d'ici ! trop tard ! jamais peut-être !
Car j'ignore où tu fuis, tu ne sais où je vais,
Ô toi que j'eusse aimée, ô toi qui le savais !

DOCUMENT 4

MARCELINE DESBORDES-VALMORE, « Les Séparés », *Poésies* (1830)

La poétesse Marceline Desbordes-Valmore (1786-1859) reprend avec des mots très simples le motif de la séparation amoureuse. La souffrance de l'abandonnée

1. Fastueuse : qui aime le luxe, l'abondance (sens positif) ou qui fait étalage de ses richesses (péjoratif).
2. Feston : broderie en forme d'arc de cercle, utilisée comme bordure de la robe.
3. Un extravagant : personne qui s'écarte des normes et des habitudes, marginale ou excessive.
4. Livide : pâle et terne.

devient universelle dans cette élégie fondée sur la répétition d'une supplication : « N'écris pas ! » Une lettre la ferait encore plus souffrir, mais c'est l'écriture elle-même qui est souffrance en rendant vivant l'être aimé.
Femme ou homme : on ne sait qui se lamente ici. Il n'est pas surprenant que ce poème soit devenu une chanson interprétée par des hommes : Julien Clerc et Benjamin Biolay.

N'écris pas. Je suis triste, et je voudrais m'éteindre.
Les beaux étés sans toi, c'est la nuit sans flambeau.
J'ai refermé mes bras qui ne peuvent t'atteindre,
Et frapper à mon cœur, c'est frapper au tombeau.
N'écris pas !
N'écris pas. N'apprenons qu'à mourir à nous-mêmes.
Ne demande qu'à Dieu... qu'à toi, si je t'aimais !
Au fond de ton absence écouter que tu m'aimes,
C'est entendre le ciel sans y monter jamais.
N'écris pas !
N'écris pas. Je te crains ; j'ai peur de ma mémoire ;
Elle a gardé ta voix qui m'appelle souvent.
Ne montre pas l'eau vive à qui ne peut la boire.
Une chère écriture est un portrait vivant.
N'écris pas !
N'écris pas ces mots doux que je n'ose plus lire :
Il semble que ta voix les répand sur mon cœur ;
Que je les vois brûler à travers ton sourire ;
Il semble qu'un baiser les empreint sur mon cœur.
N'écris pas !

DOCUMENT 5

RENÉ CHAR, « Allégeance[1] », in *Fureur et mystère* © Éditions Gallimard

Dans ce poème (1948), un amoureux délaissé erre dans une ville où la femme aimée reste omniprésente, ou une amoureuse abandonnée erre dans une ville où l'homme aimé reste omniprésent. Les deux scénarios conviennent dans cette plainte amoureuse qui dépasse les clivages entre les hommes et les femmes. L'amour reste un serment de fidélité, un acte de soumission et d'obéissance : tel est le sens du titre du

1. **Allégeance** : terme de droit féodal impliquant la fidélité d'un vassal à son suzerain. Plus généralement, c'est une obligation de fidélité et de loyauté.

poème. On ne fait plus qu'un quand on aime celui ou celle qui est à la fois une muse et un objet poétique. Même après une séparation.

Dans les rues de la ville il y a mon amour. Peu importe où il va dans le temps divisé. Il n'est plus mon amour, chacun peut lui parler. Il ne se souvient plus ; qui au juste l'aima ?

Il cherche son pareil dans le vœu des regards. L'espace qu'il parcourt est ma fidélité. Il dessine l'espoir et léger l'éconduit. Il est prépondérant sans qu'il y prenne part.

Je vis au fond de lui comme une épave heureuse. À son insu, ma solitude est son trésor. Dans le grand méridien où s'inscrit son essor, ma liberté le creuse.

Dans les rues de la ville il y a mon amour. Peu importe où il va dans le temps divisé. Il n'est plus mon amour, chacun peut lui parler. Il ne se souvient plus ; qui au juste l'aima et l'éclaire de loin pour qu'il ne tombe pas ?

DOCUMENT 6

Photographie de Man Ray, *Le Violon d'Ingres* (1924) → image p. IV

C'est sans doute l'artiste américain Man Ray (1890-1976) qui a le mieux représenté l'ambivalence de la femme, entre muse et objet poétique, dans sa photographie intitulée *Le Violon d'Ingres*. Sur le cliché du dos nu de la célèbre Kiki de Montparnasse, amante et modèle de Man Ray, il peint les deux ouïes d'un violon. La femme-violon devient, par le jeu de mots du titre, un passe-temps favori, pas même une passion...

Le coup de foudre | SUJET D'ÉCRIT 1 |

Objet d'étude : Écriture poétique et quête du sens, du Moyen Âge à nos jours

DOCUMENTS

- **RONSARD**, « Comme un chevreuil », *Les Amours* → p. 33
- **BAUDELAIRE**, « À une passante », *Les Fleurs du mal* → DOC. 3, p. 111
- **HUGO**, « Elle était déchaussée, elle était décoiffée… », *Les Contemplations* → TEXTE 6, p. 86-87

QUESTIONS SUR LE CORPUS

1 Comment le coup de foudre se manifeste-t-il dans ces trois textes ?

2 Quel rôle le regard a-t-il dans la naissance de l'amour ?

TRAVAUX D'ÉCRITURE

Commentaire (séries générales)

Vous ferez le commentaire du poème de Baudelaire « À une passante ».

Commentaire (séries technologiques)

Vous ferez le commentaire du poème de Baudelaire « À une passante », en vous aidant des pistes de lecture suivantes.
– En quoi la rencontre amoureuse est-elle présentée comme un choc émotionnel ?
– Pourquoi le poète ne peut-il échapper au spleen ?

Dissertation

La scène du coup de foudre est-elle une contrainte de la poésie amoureuse ? Est-ce la seule manière d'exprimer la force de l'amour ?

Vous répondrez à ces questions dans un devoir structuré et illustré par des exemples tirés des documents du corpus, des poèmes des *Amours*, des textes de l'anthologie et de vos lectures personnelles.

Écriture d'invention

Transposez l'un des trois poèmes du corpus en un récit en prose qui dramatise l'immédiateté et la brièveté du coup de foudre amoureux. Vous soignerez en particulier la description du décor et des émotions éprouvées.

Amour de la femme ou amour de la poésie ?

| SUJET D'ÉCRIT 2 |

Objet d'étude : Écriture poétique et quête du sens, du Moyen Âge à nos jours

DOCUMENTS

- **RONSARD**, « Adieu belle Cassandre », *Sonnets pour Hélène*, II, 10 → p. 69
- **VOITURE**, « Ma foi, c'est fait de moi », *Poésies* → DOC. 2, p. 110
- **CORNEILLE**, *Stances à Marquise*, TEXTE 10 → p. 92-93

QUESTIONS SUR LE CORPUS

1 En quoi l'évocation de la femme aimée apparaît-elle comme une convention dans ces trois textes ?

2 Comment l'amour pour les mots est-il traduit dans ces trois textes ?

TRAVAUX D'ÉCRITURE

Commentaire (séries générales)

Vous ferez le commentaire des *Stances à Marquise*, de Corneille (TEXTE 10 → p. 92-93).

Commentaire (séries technologiques)

Vous ferez le commentaire des *Stances à Marquise*, de Corneille (TEXTE 10 → p. 92-93), en vous aidant des pistes de lecture suivantes.

– Comment poète cherche-t-il à séduire Marquise ?
– En quoi l'immortalité de la poésie est-elle le thème clé du texte ?

Dissertation

La poésie amoureuse vise-t-elle uniquement à magnifier la femme aimée ?

Vous répondrez à cette question dans un devoir structuré et illustré avec précision par des exemples tirés des documents du corpus, des poèmes des *Amours*, des textes de l'anthologie et de vos lectures personnelles.

Écriture d'invention

Imaginez la réponse de Marquise à Corneille dans une lettre en prose.

Le difficile aveu de l'amour

| SUJET D'ORAL 1 |

• **RONSARD**, « Si c'est aimer Madame », *Sonnets pour Hélène* → page 63

PROBLÉMATIQUE

Dans ce madrigal adressé à Hélène de Surgères, Ronsard s'inspire des troubadours chantant l'amour courtois et des thèmes pétrarquistes pour développer le *topos* (lieu commun) du mal d'amour face à la dame inaccessible. Mais sa déclaration d'amour, qui est une œuvre de commande, est l'occasion de confesser l'inavouable et de compenser les non-dits : ainsi son art sert-il ses émotions les plus intimes.

ORGANISATION DU POÈME

Le madrigal, poème galant fréquent à la Renaissance, parfois mis en musique, exprime une plainte amoureuse en 16 alexandrins. L'habileté d'écriture du poète sert une entreprise de séduction : en retardant l'aveu de son amour à la toute fin du texte, Ronsard cherche à émouvoir la jeune femme par étapes.

• Le madrigal est organisé sur un effet de surprise final : l'aveu amoureux différé au vers 14, après trois hypothèses anaphoriques (« Si c'est aimer »).

• La première étape (v. 1-4) reprend le motif du servage amoureux de la *fin'amor* courtoise, l'amour parfait : l'amoureux éconduit souffre continuellement.

• L'étape suivante (v. 5-8) développe le portrait du poète, tellement accablé qu'il en perd son identité : il se dit impuissant à toucher Hélène.

• La troisième strophe (v. 9-13) forme un quintil particulier (5 vers sur 3 rimes, au lieu de 2) pour valoriser le motif de la maladie d'amour : les émotions du poète sont contradictoires, preuve de son dépit amoureux.

• Enfin, le tercet final résout les tensions par l'aveu d'amour, encadré par le thème du silence (« langue muette » au v. 16 fait écho au « me taire » du v. 7). L'antithèse entre le cœur et la langue est un trait ironique sur la situation d'énonciation : le poète écrit ce qu'il ne peut avouer de vive voix, mais en terminant sur un non-dit.

QUESTION

Comment comprenez-vous le vers 15 : « Je vous aime, et sais bien que mon mal est fatal » ?

Pour vous aider à répondre

On observe dans ce vers un jeu entre lucidité (« et sais bien ») et impuissance (« mon mal est fatal »). Le poète livre sa douleur en commentant l'impossibilité de parler d'amour : son aveu en devient plus fort puisqu'il aime en acceptant la douleur qui en découle.

COMME À L'ENTRETIEN

1 Quels sont les registres de ce madrigal ?

2 Quels sont les effets produits par le système d'énonciation ?

3 Comment la musicalité du madrigal est-elle rendue ?

L'amour au féminin | SUJET D'ORAL 2 |

• **LOUISE LABÉ,** *Sonnet 8* → page 80

PROBLÉMATIQUE

Louise Labé associe à sa plainte amoureuse une double démonstration d'excellence harmonique et d'habileté sémantique. Les images pétrarquistes de l'amante cruelle et distante sont renversées et échangées entre les sexes : la victime de l'amour révèle sa puissance créatrice.

ORGANISATION DU POÈME

• Le sonnet est marqué par un souci d'harmonie. Dans ces décasyllabes, où le rythme binaire souligne les antithèses, les heurts sont absents. Les contradictions de l'amour se coulent dans un carcan formel et se font mélodieuses.

• Les deux premiers quatrains s'organisent autour du *dissidio* pétrarquiste, expression des conflits intérieurs éprouvés quand on aime : toutes les émotions s'opposent simultanément.

• Le premier tercet signale un retournement (la *volta* du sonnet) : la douleur amoureuse s'accompagne de son oubli. Elle est conjurée par l'écriture poétique qui joue un rôle cathartique.

• Le dernier tercet corrige l'effet précédent : le bonheur échappe toujours à l'amante. Mais la poétesse, elle, est parvenue à l'harmonie poétique. La rime finale « malheur »/« heur » explicite l'association paradoxale entre malheur amoureux et bonheur poétique.

QUESTION

Comment comprenez-vous le vers 9 : « Ainsi Amour inconstamment me mène » ?

Pour vous aider à répondre

L'adverbe « inconstamment » est équivoque : il renvoie à l'inconstance des amants volages, mais aussi à l'inconstance de l'état amoureux. La poétesse joue sur ce double sens pour renverser le statut de la femme victime de l'amour, en celui de femme qui peut désirer plusieurs hommes.

COMME À L'ENTRETIEN

1 Quel est le registre de ce sonnet ?

2 Par quels procédés d'écriture Louise Labé rend-elle compte des contradictions de l'amour ?

3 Comment l'harmonie musicale est-elle élaborée dans ce sonnet ?

Muses et femmes fatales

PRÉSENTATION DU THÈME

• Depuis les statues des voluptueuses déesses de la préhistoire, la femme est l'un des grands sujets de l'art. À travers les représentations qui en sont faites, se répète l'idéal féminin, bien souvent codifié par l'Église : chasteté, fécondité et pudeur. Saintes et Vierges abondent donc dans l'iconographie occidentale.

• Les peintres de la Renaissance italienne les humanisent (Léonard de Vinci), ceux des Flandres et de Hollande font une place aux femmes du peuple (Bruegel), tous font le portrait de reines et de dames de la noblesse (Jean Clouet en France). Cette variété est renforcée par l'apport des modèles mythologiques de l'Antiquité : les muses apparaissent, ainsi que de terribles déesses.

• L'ambivalence féminine est alors particulièrement marquée : tantôt Vierge et sacrée (toute la peinture italienne de la Renaissance, Raphaël, Botticelli), tantôt dangereuse tentatrice, et même simultanément l'une et l'autre. Nombre d'artistes jouent de cette ambivalence, en élaborant des toiles où se confondent les deux visages des femmes imaginés par la chrétienté : Marie et Ève, la chaste et la tentatrice (*Eva Pandora → image p. II*, ou *Diane chasseresse → image p. III*).

• L'histoire de l'art développe ces deux images de la femme en de multiples variations que le dossier iconographique ne retrace que partiellement – nous avons choisi de valoriser les femmes fictives élaborées aussi par les poètes de la Renaissance dont Pétrarque et Ronsard. Avec ceux-ci, les femmes deviennent des muses, mais à la gloire de ceux qui les célèbrent.

• Quant aux femmes fatales, nues ou vêtues, elles déploient leurs charmes sous le pinceau des hommes qui en font des femmes objets (*Le Violon d'Ingres → image p. IV*) ou des femmes rêvées (*Le Baiser → image p. 3e de couverture*). Toujours de belles images dont les femmes modernes ont encore bien du mal à se dégager !

PRÉSENTATION DES IMAGES

Pétrarque et Laure de Sade (vers 1510) → *image p. I*

- AUTEUR : École vénitienne ♦ TECHNIQUE : huile sur toile (56 x 70 cm).
- La source de ce tableau est un manuscrit du XIVe siècle des poésies de Pétrarque, où le poète et sa muse sont représentés séparément. Le peintre anonyme choisit ici de les rassembler.

Ronsard et Cassandre (1609) → *image p. I*

- AUTEUR : anonyme ♦ TECHNIQUE : gravure sur bois.
- Ronsard supervise l'édition de ses *Amours* en 1552 et cette gravure est voulue par le poète pour se glorifier.

Eva Prima Pandora (vers 1550) → *image p. II*

- AUTEUR : Jean Cousin, dit le Père (vers 1550), peintre français ♦ TECHNIQUE : huile sur bois (97 x 150 cm).
- *Eva Prima Pandora,* « Ève première Pandore », est le premier nu de la peinture française de la Renaissance. Mais le corps a beau être nu, le sens de ce tableau énigmatique échappe.

Diane chasseresse (milieu du XVIe siècle) → *image p. III*

- AUTEUR : École de Fontainebleau ♦ TECHNIQUE : huile sur toile (191 x 132 cm).
- Cette toile passe pour être le portrait de la maîtresse du roi Henri II, Diane de Poitiers : la courtisane se confond avec l'antique déesse de la chasse et de la chasteté, munie de ses attributs (arc, carquois, chien de chasse). Elle incarne avec sensualité l'idéal féminin de la Renaissance : peau laiteuse, chevelure blonde, seins menus, taille fine, hanches larges et ventre légèrement rebondi. Une tentatrice, qui n'est plus très chaste.

Allégorie, dite Allégorie de l'Eau ou Allégorie de l'Amour (vers 1580) → *2e de couverture*

- AUTEUR : École de Fontainebleau ♦ TECHNIQUE : huile sur toile (130 x 96 cm).
- Cette *Allégorie de l'amour* montre la volupté, l'érotisme, et même l'extravagance, propres à la Renaissance. Ses significations sont volontairement multiples, laissant le spectateur libre de ses interprétations.

Le Violon d'Ingres **(1924)** → *image p. IV*

• AUTEUR : Man Ray (1890-1976), peintre et photographe américain ♦ TECHNIQUE : photographie en noir et blanc, rehaussée de crayon et d'encre de chine (28 x 22 cm).

• Man Ray est un photographe emblématique du mouvement surréaliste, initié en 1924 par le poète André Breton qui possédait ce montage photographique dans sa collection privée. Man Ray associe le dos de sa muse, Kiki de Montparnasse, et les ouïes d'un violon. Grâce à lui, la photographie, qui semblait inextricablement liée au réalisme, révèle ses dimensions oniriques et inventives.

Le Baiser **(1908-1909)** → *3e de couverture*

• AUTEUR : Gustav Klimt (1862-1918), peintre et décorateur autrichien ♦ TECHNIQUE : huile sur toile recouverte de feuilles d'or (180 x 180 cm).

• De forme parfaitement carrée, cette toile est emblématique de l'Art nouveau viennois du tout début du XXe siècle. Ce courant artistique veut se libérer de l'art classique en créant un style nouveau, fondé sur l'harmonie. Le couple enlacé s'embrasse sur une prairie de fleurs qui rappelle le Paradis : l'arrière-plan, parsemé de poussière d'or, évoque l'univers du rêve, faisant du *Baiser* un hymne à l'amour.

LECTURE DES IMAGES

Portrait d'auteurs avec leurs muses | LECTURE 1 |

- **École vénitienne, *Pétrarque et Laure de Sade* (vers 1510)** → *image p. I*
- **Anonyme, *Ronsard et Cassandre*** (1609) → *image p. I*

Ces deux portraits de poètes témoignent d'une nouveauté de la Renaissance : le besoin de voir le visage des auteurs. Pétrarque, au front ceint d'une branche de lauriers (attribut de la poésie), et sa muse, Laure, sont peints côte à côte, dans un tableau séparé de l'œuvre du poète mais inspiré par elle, tandis que la gravure de Ronsard fait partie de la publication des *Amours*.

Si ces visages ressemblent à la réalité, ils comportent aussi une grande part de mise en scène : Ronsard face à sa muse est portraituré en médaillon et de profil, à l'antique, comme sur les médailles impériales. La toute-puissance poétique s'installe, d'autant que le poète porte une couronne de myrtes, associés à Vénus, pour se distinguer des lauriers pétrarquiens. Ce portrait glorieux affirme la puissance de sa parole.

Questions

1 Quelles sont les composantes de ces portraits ?

2 Quelles sont leurs différences et que signifient-elles ?

3 Quels éléments des portraits glorifient les poètes ?

Femme fatale et cruelle | LECTURE 2 |

- **Jean Cousin, dit le Père (1500-1589), *Eva Prima Pandora* (vers 1550)** → *image p. II*

Le style maniériste se reconnaît à la petite tête et au corps allongé de cette femme très sensuelle, qui en rassemble trois :
– l'Ève de la Bible, puisqu'elle en a le rameau de pommier dans sa main droite et le serpent enroulé à son bras gauche ;
– Pandore qui, selon la mythologie grecque, fut créée par Zeus pour punir

Prométhée d'avoir volé le feu divin pour le donner aux hommes. Pandore est envoyée aux hommes, portant avec elle le vase blanc du bien qu'elle ferme de sa main gauche, et le vase rouge, au centre de la toile, d'où s'échappent tous les maux du genre humain (la fameuse boîte de Pandore) ;
– enfin, Cléopâtre, la reine d'Égypte, souvent représentée devant un paysage marin, avec des serpents qui la mordent.

Telle est la femme fatale : une trinité maléfique qui mêle christianisme, mythologie et histoire païenne.

Questions

1 Quelles sont les composantes de cette toile ?

2 Que signifie la présence du crâne dans ce tableau ?

3 Comment le peintre joue-t-il sur la clarté et l'obscurité ?

L'amour libre | LECTURE 3 |

• **École de Fontainebleau, *Allégorie, dite Allégorie de l'Eau ou Allégorie de l'Amour* (vers 1580)** → *2e de couverture*

L'*Allégorie de l'amour* mêle érotisme et excès. La composition du tableau est compliquée, les personnages éclairés comme sur une scène de théâtre, la nature envahissante, les visages et les corps déformés dans le style maniériste. Tandis que les suivantes de Vénus, les trois Grâces, se baignent (*en haut à droite*), une naïade prévient Vénus *(à gauche)* qu'Amour endormi (*en bas au centre*) se fait voler par des angelots grimaçants. Mais d'autres interprétations plus osées sont possibles : la jeune naïade chuchote des mots doux à l'oreille de Vénus… Il faut célébrer tous les amours qui sont dans la nature, y compris l'amour entre femmes.

Questions

1 Comment la théâtralité est-elle rendue par le peintre ?

2 D'où provient la sensualité du tableau ?

3 Quelles impressions se dégagent de cette allégorie ?

Table des illustrations

En 2e et 3e de couverture

École de Fontainebleau, *Allégorie, dite Allégorie de l'Eau ou Allégorie de l'Amour* (vers 1580). Huile sur toile, 130 x 96 cm, Paris, musée du Louvre. ph © Josse/Leemage

Gustav Klimt (1862-1918), *Le Baiser* (1908-1909). Huile sur toile, 180 x 180 cm, Vienne, palais du Belvédère. ph © Erich Lessing/Akg-Images

Dans les pages de début

Page 6 Portrait de Pierre de Ronsard par Michel Lasne (1595-1667), gravure, XVIIe siècle. ph © QuintLox/Leemage

Page 8 Première page de l'Ordonnance de Villers-Cotterêts (1539), Paris, Archives nationales

Page 10 Extrait d'une édition du *Canzoniere* de Pétrarque (1470), Rome, Bibliothèque nationale centrale

Dans l'encart en couleurs, au centre du livre

Page I École vénitienne, *Pétrarque et Laure de Sade* (vers 1510). Huile sur toile, 56 x 70 cm, Ashmolean Museum, Université d'Oxford. ph © Bridgeman Images

Ronsard et Cassandre, gravure sur bois, extraite d'une édition des *Œuvres* de Ronsard (1609), Paris, Bibliothèque Nationale. Coll. Archives Hatier

Page II École de Fontainebleau, *Diane chasseresse* (milieu du XVIe siècle). Huile sur toile, 191 x 132 cm, Paris, musée du Louvre. ph © Adrien Didierjean/RMN-Grand Palais

Page III Jean Cousin, dit le Père, *Eva Prima Pandora* (vers 1550). Huile sur bois, 97 x 150 cm, Paris, musée du Louvre. ph © Michel Urtado/RMN-Grand Palais

Page IV Man Ray (1890-1976), *Le Violon d'Ingres*, 1924. © Man Ray Trust/ADAGP/Telimage – Paris, 2018

Conception graphique de la maquette : c-album, Jean-Baptiste Taisne et Rachel Pfleger ; Studio Favre & Lhaïk ; dossier : Lauriane Tiberghien • Mise en pages : Chesteroc Ltd • Suivi éditorial : Luce Camus.

Achevé d'imprimer en Espagne par Black Print
Dépôt légal 04580-4/13 - juillet 2024